ITINÉRAIRES 2
manuel de français

Classes de 3e de l'enseignement secondaire général

CLE INTERNATIONAL

LE GOUVERNEMENT
DU GRAND-DUCHÉ DE LUXEMBOURG
Ministère de l'Éducation nationale,
de l'Enfance et de la Jeunesse

Auteures : Magalie Ooms, Anika Pampa, Tonia Raus, Jessica Walté, professeurs de lettres et membres du groupe de travail du SCRIPT.

Les auteures tiennent à remercier :

Christiane Hörsch et Caroline Lentz du SCRIPT (MENJE) pour leur suivi avisé du projet ;

la comission nationale de l'enseignement secondaire général – Français, pour la concertation au fil des différentes étapes du projet ;

Jeanne E. Glesener pour ses conseils en matière d'expression culturelle au Luxembourg ;

Sumo, pour l'image de couverture *Pop 9* (2018), acrylique et aérosol sur papier, 60 x 60 cm.

Ce manuel est édité en collaboration avec le Ministère de l'Éducation nationale, de l'Enfance et de la Jeunesse.

Direction éditoriale : Béatrice Rego

Édition : Sylvie Hano

Maquette intérieure et mise en pages : Domino

Couverture : Dagmar Stahringer

© CLE International 2018 – ISBN : 978-209-038559-5

La présente édition peut être sujette à modifications.

Avis
Tous les textes, les images et publications, ainsi que les auteurs ont été recherchés et assemblés avec le plus grand soin et en connaissance de cause et de bonne foi. Lorsqu'ils proviennent de sources externes, ils ont été repris sans modifications, toutefois sans revendication d'exhaustivité et d'absence d'erreurs. Si un auteur ou un ayant-droit devait néanmoins entendre revendiquer des droits, il pourra contacter CLE International.

Organisation et mise en pratique

I. PRÉSENTATION

Itinéraires 2 s'adresse aux élèves des classes de 3e de l'enseignement secondaire général. Dans la lignée du tome 1, il accompagne l'élève dans sa progression de l'apprentissage du français grâce à un parcours thématique, documenté de textes et illustré d'images et de photographies. Par la découverte et le développement de notions culturelles et d'outils d'expression, les compétences orales et écrites acquises sont consolidées. La conception du manuel, orientée sur les spécificités linguistiques et culturelles du Luxembourg, suit les programmes et pratiques d'enseignement du pays.

Approche

Le manuel comprend **6 leçons** qui permettent à l'élève de développer de manière systématique les compétences suivantes :
- compréhension de l'écrit (distinguer les informations essentielles d'un texte, comprendre des mots et expressions en contexte…) ;
- production de l'écrit (expliquer des expressions en contexte, reformuler les idées principales d'un texte, rédiger un développement personnel…) ;
- production de l'oral (partager ses expériences, exposer ses idées, décrire une image…).

Le manuel sera enrichi d'un espace numérique consacré notamment à la compréhension de l'oral.

La découverte de la culture en langue française constitue le fil rouge du manuel à travers :
- la compréhension et l'analyse de **textes d'actualité authentiques** ;
- l'apprentissage d'un vocabulaire thématique grâce à des **mémos lexicaux** et à son activation en contexte ;
- l'invitation à la **prise de parole** par des exercices ciblés ;
- l'initiation à différentes **méthodologies pour organiser ses idées** ;
- l'encouragement à l'**expression d'une opinion personnelle** ;
- la découverte de la **richesse culturelle de la langue** à travers des extraits littéraires ;
- la pratique régulière d'activités de **lecture de l'image**.

Le manuel vise l'acquisition des compétences linguistiques nécessaires à la maîtrise du français, tout en favorisant le dialogue entre les cultures et le développement de l'esprit critique. Les leçons sont ponctuées :
- de **phases de travail** en commun, en groupes ou en autonomie ;
- d'encadrés « **Parlons-en !** » pour aider l'élève à s'exprimer à l'oral ;
- de « **Petits +** » pour élargir l'horizon de réflexion de l'élève ;
- de mises en relation avec la **réalité multilingue et interculturelle du Luxembourg** ;
- d'activités diverses (« **À vous !** », « **À vos stylos !** ») pour permettre à l'élève d'avancer à son rythme, par un apprentissage différencié.

Organisation et mise en pratique

II. ORGANISATION

Chaque leçon est conçue en une séquence d'apprentissage comprenant 5 volets :

1. Quatre pages `Interactions`

Des documents variés (textes et images) permettent aux élèves de découvrir de manière inductive des points de vue différents et des voies d'accès multiples au thème de la leçon. Sous la rubrique « Vu d'ici », le sujet est abordé dans ses liens avec le Luxembourg ; sous la rubrique « Ça fait l'actu ! », le sujet est placé dans le contexte sociétal actuel. L'objectif est l'échange d'informations et le développement de l'esprit d'analyse par des activités de compréhension de texte et des encouragements à la discussion en classe.

2. Six pages `Ressources`

L'enrichissement de la langue se fait à travers :
- des mémos lexicaux thématiques et en contexte ;
- de courts textes qui illustrent l'emploi en contexte du vocabulaire thématique.

Des exercices différenciés ont pour objectif l'acquisition et le réemploi de tournures courantes.

3. Deux pages `Atelier`

La réalisation d'une production écrite ou orale en situation témoigne du transfert des savoirs linguistiques et culturels vus dans la leçon. L'objectif est d'amener l'élève à se familiariser avec des méthodes diverses pour organiser ses idées et favoriser son esprit de synthèse.

4. Quatre pages `Évasion`

Le plaisir de la lecture est cultivé à travers la découverte d'extraits littéraires d'auteurs d'expression française, classiques et contemporains, ainsi que l'exploration des différents genres (récit, théâtre, poésie). L'objectif est de rendre la langue vivante par une expérience culturelle à la fois individuelle et commune.

5. Une page `Libre cours`

À la fin de la leçon, une ouverture est proposée sur le sujet traité pour inviter au dialogue entre les cultures.

En annexe, des cartes et des tableaux de conjugaison sont joints comme ressources complémentaires.

III. PROPOSITIONS DE MISE EN PRATIQUE

`Interactions`

Lecture de l'image

> **ACTIVITÉ :** Au début de certaines leçons du manuel, une image (photo, dessin, carte, infographie...) est proposée aux élèves, à laquelle ils sont invités à réagir en suivant la méthodologie apprise dans la première leçon.
>
> **PROPOSITIONS :** • L'image pourra servir d'introduction au thème de la leçon, à l'oral en groupe-classe ou par écrit en individuel (par exemple, comme devoir à domicile pour engager la nouvelle leçon au cours suivant).
> • La mise en relation d'une image avec le thème de la leçon incitera les élèves à organiser les savoirs qu'ils ont sur un sujet donné en fonction d'un angle de traitement particulier.
>
> **OBJECTIF :** Il s'agit de sensibiliser les élèves à la présence des images au quotidien et à développer leurs compétences d'analyse, d'une approche dénotative (découverte, description) vers une approche connotative (interprétation).

Organisation et mise en pratique

Des idées aux mots

Activité : Au début de certaines leçons du manuel, les élèves sont invités à faire un brainstorming des mots et expressions en lien avec le thème de la leçon.

Propositions : • Cet exercice d'association d'idées pourra servir d'introduction au thème de la leçon, en alternance avec les activités de lecture de l'image.
• Cette préparation thématique peut être l'occasion de vérifier les savoirs linguistiques et culturels des élèves, notamment en vue d'une différenciation des activités proposées par la suite.

Objectif : Il s'agit de réactiver le répertoire lexical des élèves tout en favorisant la pensée associative sur un sujet donné pour les mettre en confiance quant au thème de la leçon.

Lecture du dossier

Activité : Les deux documents sont abordés en individuel ou en groupe.

Propositions : • Les documents sont explorés à travers une lecture silencieuse.
• La réalisation des tâches suscite à l'oral des mini-débats au sein des groupes et à l'écrit, le développement de l'esprit de synthèse.
• Une présentation orale des tâches réalisées par chaque groupe permet la mise en commun des réflexions.

Objectif : Il s'agit d'alterner entre les discussions en commun et les prises de parole et/ou de position individuelles, en donnant aux élèves l'occasion de s'exprimer personellement en petits groupes et devant la classe.

Commentaire de texte d'actualité

Activité : Un aspect du thème de la leçon est approfondi à travers un article de presse authentique.

Propositions : Le questionnaire est conçu de manière systématique pour familiariser les élèves à l'analyse structurée d'un texte, à travers des exercices :
→ d'enrichissement lexical : explication en contexte de mots et d'expressions ;
→ de compréhension de texte : exploitation guidée du texte visant à dégager les informations essentielles du texte et à engager une réflexion personnelle ;
→ de positionnement personnel : initiation à l'expression écrite d'un point de vue personnel argumenté.

Objectif : Il s'agit d'habituer les élèves, d'une part, à reformuler les idées d'un texte en mobilisant et en élargissant leurs compétences linguistiques et, d'autre part, à faire preuve d'esprit critique.

Ressources

Activité : Des mots et expressions liés au thème de la leçon sont répertoriés et mis en contexte dans des documents authentiques.

Propositions : • Les élèves sont invités à traduire (dans la langue de leur choix) et/ou à expliquer les mots en complétant les tableaux.
• Le réemploi des mots et expressions est encouragé grâce à :
→ des exercices lacunaires pour systématiser des tournures ;
→ des entraînements oraux pour faciliter l'interaction en français.

Objectif : Il s'agit de familiariser les élèves avec les différents registres de langue et d'élargir leur champ lexical par la proposition de synonymes et d'antonymes.

Organisation et mise en pratique

Atelier

ACTIVITÉ : Une mise en situation du thème de la leçon est proposée à travers la réalisation d'une tâche complexe, en individuel ou en groupe. Les étapes de réalisation correspondent à une méthodologie précise qu'un exemple concret illustre à chaque fois.

PROPOSITIONS : L'activité peut être adaptée au rythme des séquences d'apprentissage et/ou à la progression individuelle des élèves, notamment par :
→ une réalisation graduelle des différentes étapes de la tâche proposée ;
→ un travail personnel ou en groupe, pouvant donner lieu à une évaluation (dossier personnel, exposé oral, portfolio…).

OBJECTIF : Il s'agit de renforcer la motivation des élèves pour réaliser des tâches complexes nécessitant une mise en contexte de la langue.

Évasion

ACTIVITÉ : Une lecture guidée incite au développement d'une relation individuelle au texte et à l'enrichissement de la culture générale.

PROPOSITIONS : • Le choix des extraits à traiter en classe peut se faire selon des critères de difficulté, de genre ou de registre des textes proposés, et/ou de dynamique de classe (par exemple, les élèves sont invités à traiter un texte au choix, selon leurs affinités et leur niveau de compétence).
• La complexité des extraits peut être travaillée par le biais :
→ d'une lecture à voix haute par l'enseignant pour faire émerger le sens ;
→ d'un travail individuel pour solliciter une sensibilité au texte.
• La dimension littéraire des extraits permet aux élèves de découvrir le thème de la leçon à travers le regard d'un auteur, grâce à l'explication d'expressions imagées en contexte, par exemple.

OBJECTIF : Il s'agit de stimuler l'imagination des élèves à travers l'exploration de la richesse culturelle de la langue.

Libre cours

ACTIVITÉ : Le thème de la leçon est prolongé par une ouverture socioculturelle.

PROPOSITIONS : Les activités proposées se prêtent à une utilisation :
→ en tant que devoir à domicile ;
→ en vue d'un apprentissage différencié (remédiation, « peer-tutoring »…) ;
→ dans le cadre d'une activité interdisciplinaire.

OBJECTIF : Il s'agit de finaliser le parcours thématique dans une perspective d'échange interculturel et d'ouverture aux langues.

Tableau des contenus

	Leçon 1 Engageons-nous !	Leçon 2 Se sentir bien	Leçon 3 Respire
Thème	L'engagement	Le bien-être	Le développement durable
Analyse de texte (à l'oral/à l'écrit)	« Jeunes et engagés : pas pris au sérieux » (*Woxx*, 2016)	« Jeunes adultes : attention fragiles ! Entretien avec David Gourion » (*Sciences Humaines*, 2016)	« Développement durable : et si l'avenir passait par les low-tech ? » (*www.rfi.fr*, 2017)
Production guidée (à l'oral/à l'écrit)	Se positionner par rapport à l'engagement des jeunes et son propre engagement Élaborer un programme électoral pour l'élection du comité des élèves Analyser une chanson engagée	Définir le bien-être pour soi-même Réfléchir aux facteurs de bien-être dans la société moderne Présenter les effets bénéfiques du sport Discuter et partager ses habitudes alimentaires Comparer un roman et son adaptation au cinéma	Découvrir et discuter des projets de développement durable à l'échelle locale et mondiale S'interroger sur l'état de notre planète Réfléchir sur les sources d'émissions de dioxyde de carbone Comparer les paroles de différentes chansons sur l'environnement
Production libre (à l'écrit)	Définir le vocabulaire et le champ lexical de l'engagement Argumenter pour ou contre le droit de vote à 16 ans	Définir le vocabulaire et le champ lexical du bien-être Identifier les causes de la fragilité des jeunes d'aujourd'hui Décrire le calvaire du harcèlement scolaire et proposer des solutions	Définir le vocabulaire et le champ lexical du développement durable Lire un dessin de presse sur le réchauffement climatique
Vocabulaire	L'engagement sous toutes ses formes, les droits de l'homme et des citoyens, le militantisme	La santé, le stress, le bien-être, l'alimentation	La pollution, les ressources naturelles, l'écoresponsabilité
Méthodologie	Lire une image	Se servir d'un dictionnaire	Faire un résumé
Mise en pratique	Interpréter l'affiche d'une campagne de sensibilisation	Trouver les mots justes pour s'exprimer avec précision	Rédiger le résumé d'un texte d'actualité
Notions abordées	Mérite Jeunesse, La Déclaration des droits de l'homme et du citoyen, la personnification, le rap	La devise *mens sana in corpore sano*, l'épicurisme	L'accord de Paris sur le climat, le changement climatique
Rencontres	Les peintres Eugène Delacroix et Jean-Jacques François Le Barbier, la lauréate du Prix Nobel Malala Yousafzai, le militant Martin Luther King, l'association Médecins sans frontières, diverses associations solidaires du Luxembourg, le groupe de musique IAM	L'artiste Léonard de Vinci, l'association Kanner-Jugendtelefon, le SePas	Antoine de Saint-Exupéry, Felix Finkbeiner, le chanteur Bénabar, les groupes de musique De Läb et Radiohead
Littérature	Albert Camus, *Les Justes* (1950) Tristan Garcia, *La meilleure part des hommes* (2008) Paul Éluard, « Courage » (1942)	Daniel Pennac, *Journal d'un corps* (2012) Delphine de Vigan, *Jours sans faim* (2001) Émile Verhaeren, « Oh ! ce bonheur » (1922) Jean Giono, *La chasse au bonheur* (1988) Olivier Adam, *Je vais bien, ne t'en fais pas* (1999)	Michaël Ferrier, *Récit d'un désastre* (2012) Jean-Pierre Andrevon, « La dernière pluie » (1994) Étienne Davodeau, *Rural !* (2011)

Tableau des contenus

	Leçon 4 Migrer	Leçon 5 Penser juste	Leçon 6 Tu parles !
Thème	**Les migrations**	**L'éthique**	**Le français dans le monde**
Analyse de texte (à l'oral/à l'écrit)	« Vers un nouveau pacte mondial sur la migration, lettre ouverte d'Antonio Guterres » (*Le Temps*, 2018)	« Pour une bioéthitque politisée » (*La Croix*, 2018)	« Quelle place dans le monde pour la langue française en 2050 ? » (www.europe1.fr, 2018)
Production guidée (à l'oral/à l'écrit)	Analyser une photo de presse Se sensibiliser à la situation des migrants Discuter sur le rôle des médias sociaux pour les migrants Réfléchir à l'accueil des migrants au niveau national et international Commenter une infographie sur l'afflux migratoire Échanger sur le rôle des artistes dans l'accueil des migrants	Analyser une photo de presse Réfléchir sur l'éthique dans l'industrie textile, le journalisme et le sport Comprendre les enjeux de la bioéthique Définir ses valeurs personnelles Échanger sur le clonage thérapeutique Défendre une opinion à partir d'un texte littéraire	Commenter une infographie sur la francophonie Réfléchir sur la situation des langues au Luxembourg Découvrir le parler jeune Prendre conscience de l'évolution des langues
Production libre (à l'écrit)	Imaginer un dialogue à partir d'un extrait littéraire Imaginer les personnages d'une pièce de théâtre	Faire une interview imaginaire d'un sportif Imaginer la suite d'un extrait littéraire	Se mettre dans la peau d'un personnage Écrire un « exercice de style » comme R. Queneau Associer des expressions à un souvenir d'enfance Employer des onomatopées dans une chanson
Vocabulaire	La migration, les routes de la migration, l'accueil des immigrés, le multiculturalisme	Le système de valeurs, le dopage, l'euthanasie, le cinéma	Les types et les niveaux de langue, différents parlers français
Méthodologie	S'initier à l'argumentation	Interpréter un extrait de film	Commenter un sujet d'actualité
Mise en pratique	Organiser ses idées selon les problèmes, causes et solutions d'un sujet Rédiger une interview imaginaire	Analyser une séquence de film	Prendre position sur le rôle du français au Luxembourg
Notions abordées	L'espace Schengen, le festival des migrations, la Grande Région, l'Eldorado, l'Odyssée	La bioéthique, l'euthanasie, l'adaptation filmique, le mythe de Pygmalion	La francophonie, la négritude, le slam
Rencontres	L'association Asti, le film *Welcome*, le peintre J.W. Waterhouse, la Compagnie du Grand Boube, l'écrivain Nico Helminger, le chanteur Serge Tonnar	Le Comité International Olympique, la chanteuse Barbra Streisand, la brebis Dolly, le cycliste Bob Jungels	L'écrivain Guy Rewenig, l'artiste Lois Mailou Jones, les chanteurs Grand Corps Malade et Serge Gainsbourg
Littérature	Laurent Gaudé, *Eldorado* (2006) Fatou Diome, *Le Ventre de l'Atlantique* (2003) Eric-Emmanuel Schmitt, *Ulysse from Bagdad* (2008) Guy Rewenig, *Comment blanchir les bêtes noires sans les faire rougir* (2017)	René Barjavel, *Ravage* (1943) Marie Darrieussecq, *Notre vie dans les forêts* (2017) Martin Winckler, *En souvenir d'André* (2012) Maylis de Kerangal, *Réparer les vivants* (2014)	Léopold Sédar Senghor, « Chant pour Jackie Thompson » (1973) Patrick Chamoiseau, *Texaco* (1992) Raymond Queneau, *Exercices de style* (1947) Lambert Schlechter, « Le pire c'est la pisse des porcs » (2018)

Leçon 1 Engageons-nous !

Au cours de cette leçon, nous allons :

Gaël Faye, écrivain et slameur.

découvrir différentes possibilités de **s'engager dans la société**

nous familiariser avec l'engagement dans **la littérature et le rap**

apprendre à **lire une image**

Eugène Delacroix, *La Liberté guidant le peuple*, 1830.

1 Engageons-nous !

Des idées aux mots !

1• Notez sur un brouillon les idées et les mots que vous associez au sujet de l'engagement.

2• Par deux ou par quatre, mettez en commun vos brouillons.

3• Comparez vos idées et faites une sélection des expressions et des mots les plus pertinents.

4• Notez-les sur le bloc-notes ci-contre.

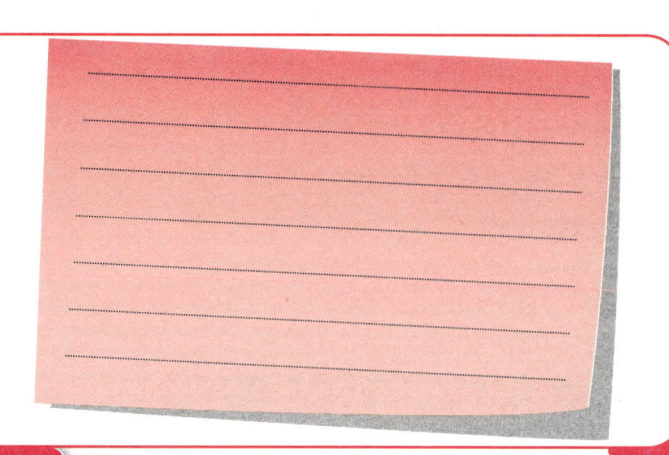

Le petit +

Le Mérite Jeunesse
Il s'agit d'un programme non compétitif, reconnu au niveau international et conçu pour encourager les jeunes à développer des compétences et des manières de vivre positives.
Le concept du Mérite est celui du défi personnel. Il offre un programme équilibré d'activités volontaires qui favorisent la découverte de soi et l'épanouissement du jeune, son indépendance, sa persévérance, son sens des responsabilités envers soi-même et son service pour la communauté.
Il existe trois niveaux du Mérite : bronze, argent et or.

www.merite.jeunesse.lu

Vu d'ici

MÉRITE JEUNESSE : « LA JEUNESSE A SES GALONS DU MÉRITE À DÉCROCHER[1] »

« Encadrer des enfants ! », c'est de cette manière que Marisa, 17 ans, et Joyce, Anna et Léa, 15 ans, aimeraient obtenir leur Mérite Jeunesse. […] Marisa a déjà un plan de route potentiel. « Je pensais à un stage en hôpital pour
5 décrocher[1] le bronze, une formation d'éducatrice pour l'argent, et à encadrer des enfants lors d'une colonie de vacances pour l'or », détaille-t-elle. […] « Pourquoi ne pas en profiter pour faire du bénévolat à l'étranger ? Cela me permettrait de voir un peu le monde », se tâte
10 Chiara, 18 ans. Christophe, 15 ans, proposerait bien le badminton. « Je n'ai pas un trop mauvais niveau », commente le garçon.

[…] Les jeunes ont le choix entre service à autrui, expédition ou exploration, découverte et
15 développement de talents et de compétences, activités sportives ou projet résidentiel.

« Ils nous surprennent toujours, sourit la coordinatrice. L'an dernier, une jeune fille a réussi à lever des fonds[2] pour partir en Antarctique ! » « Non seulement c'est
20 une bonne expérience de vie, mais cela valorise un CV[3] en vue d'une entrée à l'université ! », renchérit[4] Marisa.

Séverine Goffin, www.lessentiel.lu, 24/02/2016.

---
1. décrocher (gagner) ses galons : mériter ; *ici* Les jeunes doivent s'engager pour être récompensés par le « Mérite Jeunesse ».
2. lever des fonds : collecter des dons.
3. un CV (curriculum vitae) : document résumant l'état civil, la formation et l'expérience professionnelle d'une personne.
4. renchérir : ajouter.

Interactions

Ça fait l'actu !

MALALA, L'ICÔNE DE LA LUTTE POUR L'ÉDUCATION DES FEMMES

Malala Yousafzai naît le 12 juillet 1997 au Pakistan dans la vallée du Swat. Depuis son plus jeune âge, elle est plongée dans le militantisme[1]. Son père est lui-même un défenseur du droit à l'éducation. Il a d'ailleurs fondé une école, qui sera rebaptisée au nom de la jeune fille plus tard.

5 C'est à l'âge de 11 ans que Malala se fait connaître du grand public. Alors qu'elle accompagne son père à une conférence de presse à Peshawar, elle dénonce les talibans[2] qui détruisent les écoles et imposent la charia[3].

Elle poursuit dans cette voie en témoignant de sa vie sous le régime des talibans. [...] Malala est menacée de mort à plusieurs reprises. « Le jour où tout a changé était
10 le mardi 9 octobre 2012 », écrit-elle dans son autobiographie. Ce jour-là, Malala, alors âgée de 15 ans, est victime d'un attentat perpétré par les talibans. Alors qu'elle se rend à l'école, le bus scolaire s'arrête brusquement. Des hommes masqués montent à bord. L'un d'eux demande qui est Malala et lui tire dessus. La jeune fille reçoit une balle en pleine tête. Plongée dans le coma, l'adolescente est transférée
15 dans un hôpital britannique. Par miracle, son cerveau n'est pas touché mais son rétablissement durera quatre mois. Depuis sa sortie de l'hôpital, Malala et sa famille résident à Birmingham. La jeune fille espère pouvoir revenir dans son pays un jour. « Je ne souhaite à personne d'être arraché du pays qu'il adore ».

Avec la médiatisation[4] de son histoire, l'adolescente est devenue une héroïne et icône[5] du combat pour le droit à l'éducation. [...] Le 12 juillet 2013, le jour de ses 16 ans, elle lance à l'ONU, un vibrant appel à « l'éducation pour tous
20 les enfants ». « Nos livres et nos stylos sont nos armes les plus puissantes. Un enseignant, un livre, un stylo peuvent changer le monde », déclare-t-elle ce jour-là devant les grands de ce monde. Elle est chaleureusement applaudie par toute l'assemblée.

En 2014, le prix Nobel de la paix a été décerné conjointement à Malala et à Kailash Satyarthi[6] « pour leur combat contre l'oppression des enfants et des jeunes et pour le droit de tous les enfants à l'éducation ». [...]

CNEWS Matin, 14/09/2017.

---

1. le militantisme : activité de ceux qui cherchent par l'action à défendre une cause ou une idéologie.
2. Les talibans sont des membres d'un mouvement islamiste intégriste et terroriste afghan.
3. La charia est la loi islamique qui régit la vie religieuse, sociale et individuelle et qui est appliquée de manière stricte dans certains États musulmans.
4. la médiatisation : le fait de faire passer une information, un évènement par les médias (journaux, télévision, Internet).
5. une icône : un symbole.
6. Kailash Satyarthi est un ingénieur indien qui milite pour les droits des enfants et le droit à l'éducation. Par son engagement contre le travail des enfants, il a permis à de nombreuses familles de sortir de l'esclavage.

Lecture du dossier

La classe se partage les 2 documents. Chaque document présente un exemple d'engagement. Dégagez les idées principales, puis réalisez les tâches proposées. Partagez vos réponses avec vos camarades.

1. Mérite Jeunesse

– « Non seulement c'est une bonne expérience de vie, mais cela valorise un CV en vue d'une entrée à l'université ! » (l. 19-21). Que pensez-vous des motivations de Marisa pour participer au Mérite Jeunesse ?

– Relevez le champ lexical de l'engagement.

2. Malala

– « Nos livres et nos stylos sont nos armes les plus puissantes. Un enseignant, un livre, un stylo peuvent changer le monde » (l. 20-21). Partagez-vous l'avis de Malala ? Justifiez votre réponse !

– Relevez le champ lexical de l'engagement.

1 Engageons-nous !

JEUNES ET ENGAGÉS : « PAS PRIS AU SÉRIEUX »

La participation politique des jeunes est un sujet récurrent au Luxembourg. Pourtant, tous les jeunes n'estiment pas être pris aux sérieux.

Le monde est dirigé par de vieux hommes blancs et privilégiés[1]. Le Luxembourg aussi. Seul 3,3 % des parlementaires luxembourgeois ont moins de 30 ans, et la Chambre des députés ne compte que 28,3 % de femmes. Et ce, alors qu'une
5 grande partie des sujets d'actualité – précarité[2], chômage, logement, éducation – concernent avant tout des jeunes. Alors, sans surprise, l'insatisfaction avec le fonctionnement de la démocratie est la plus importante auprès des jeunes.

Néanmoins, la participation politique des jeunes occupe
10 une place importante sur l'agenda politique. [...] Les acteurs sont nombreux : de la CNEL (Conférence nationale des élèves du Luxembourg) au « Jugendparlament » (parlement des jeunes), en passant par le SNJ (Service national de la jeunesse) ou encore la CGJL (Conférence générale de la
15 jeunesse du Luxembourg). Des institutions qu'on peut qualifier de « conventionnelles[3] », mises en place par la politique et destinées aux jeunes, qui connaissent un succès mitigé[4] auprès du public cible.

Le parlement des jeunes, par exemple, a été créé dans l'optique
20 « de favoriser l'engagement des jeunes dans notre société et de rapprocher les jeunes et le monde politique, à travers l'élaboration d'avis et de résolutions[5] transmis aux acteu[rs] politiques concernés ». « C'est une structure dont le but e[st] de renforcer les jeunes dans leurs démarches, de leur fai[re]
25 connaître le monde politique », explique Djuna Bernar[d,] présidente de la CGJL.

Ouvert à tout jeune entre 14 et 24 ans, le parlement d[es] jeunes n'est pas tout à fait une reproduction[6] du « parleme[nt] des vieux ». Ainsi, pas de partis ou fractions[7] en son sei[n,]
30 que des individus. En théorie, du moins. Car en pratique, [le] parlement des jeunes regroupe bien de nombreux membr[es] des organisations de jeunesse de partis.

[...] D'un autre côté, le parlement des jeunes permet a[ux] jeunes intéressés par la politique de « se faire entendre

---

1. privilégié : qui profite d'avantages matériels considérables.
2. la précarité : grande instabilité financière.
3. conventionnel : conforme, classique.
4. un succès mitigé : succès qui n'est pas partagé par tout le monde.
5. une résolution : une décision, une solution.
6. une reproduction : une copie.
7. une fraction : *ici* groupe à l'intérieur d'un parti politique.

▶ Enrichissement lexical

Expliquez dans le contexte de l'article les expressions suivantes :
1. « l'agenda politique » (l. 10)
2. « une situation gagnant-gagnant » (l. 42-43)

▶ Compréhension de texte

À l'aide des éléments du texte, répondez de manière concise aux questions suivantes. Veillez à utiliser vos propres mots.

1. Quelles sont les missions du parlement des jeunes ?
2. Comment la culture du débat politique pourrait-elle être favorisée chez les jeunes ?

comme le formule Djuna Bernard. Mais pas trop non plus : « Pouvoir s'exprimer ne veut pas forcément dire se faire prendre au sérieux », juge Pol Reuter, porte-parole de l'UNEL[8], avec un clin d'œil.

[…] Pour Djuna Bernard, ces auditions[9] permettent « aux jeunes d'avoir des retours » et « mettent en valeur » leur engagement, tout en « montrant aux députés que les jeunes s'intéressent à la politique ». Une situation « gagnant-gagnant » pour la présidente de la CGJL.

« L'éducation politique est totalement délaissée dans notre système éducatif », estime Pol Reuter. « Ici, on ne parle pas politique à l'école, et les cours sont organisés de façon très traditionnelle, frontale[10], ce qui laisse peu de place aux discussions. » Alors, forcément, la plupart des structures de participation au sein de l'école – délégués de classe, comités d'élèves, CNEL – s'occuperaient plus de l'organisation de la prochaine fête scolaire que des droits des élèves ou de politique.

« Au sein de nos écoles, il y a un manque fondamental de culture du débat politique », juge Reuter. […] Il y a un besoin réel d'espaces où des jeunes pourraient se rencontrer de façon informelle[11], pour discuter politique, préparer des actions ou tout simplement boire un verre. Il y a les maisons de jeunes, certes. Mais un endroit où les jeunes sont « décideurs » bien plus que « consommateurs » ? Pas pour le moment.

David Angel, *Woxx*, 07/04/2016.

---

8. L'UNEL est l'union nationale des étudiant(e)s du Luxembourg.
9. une audition : séance d'écoute et d'échanges.
10. un cours frontal : méthode d'enseignement où le professeur présente son cours face aux élèves, sans leur laisser de possibilité d'intervenir.
11. informel : qui n'est pas organisé de manière officielle.

À vous !

Élections au lycée

Bientôt auront lieu les élections pour le comité des élèves dans votre lycée. Qui dans votre classe serait le ou la candidat(e) idéal(e) ? Formez des groupes de 3 à 4 élèves autour du ou de la meilleur(e) candidat(e) selon vous.

- Réfléchissez à des idées pour améliorer la vie au lycée et élaborez un programme électoral en 4 points pour votre candidat(e).
- Présentez votre programme avec enthousiasme à vos camarades pour qu'ils croient à vos idées.
- À la fin des présentations, votez pour les deux candidat(e)s qui vous ont le plus convaincu(e)s.

▶ Développement personnel

Depuis quelques années, certains partis politiques proposent de baisser l'âge légal pour voter. Que pensez-vous du droit de vote à 16 ans ?

Développez vos idées à l'aide d'arguments clairs.

1 Engageons-nous !

Le petit +

La Déclaration des droits de l'homme et du citoyen (1789) marque la fin de l'Ancien Régime, d'une société hiérarchisée où les différents groupes sociaux n'avaient pas les mêmes droits. La Déclaration est un texte fondamental dans le sens où elle définit des droits « naturels et imprescriptibles » comme la liberté, la propriété, la sûreté, la résistance à l'oppression. L'article premier reconnaît l'égalité, notamment devant la loi et la justice, comme droit universel: « Les hommes naissent et demeurent libres et égaux en droits. »

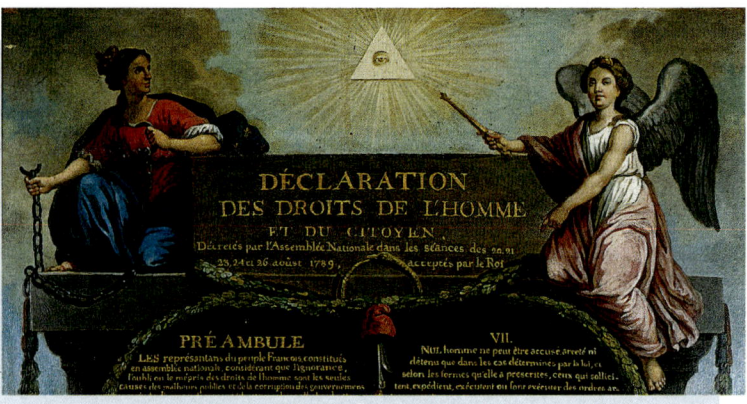

Jean-Jacques François Le Barbier, *Déclaration des droits de l'homme et du citoyen*, vers 1789.

Les droits de l'homme et des citoyens

un(e) citoyen(ne)	
défendre les droits de l'homme	
respecter les droits de l'homme	
violer, bafouer les droits de l'homme	
les droits et les devoirs des citoyens	
La devise de la République française est « liberté, égalité, fraternité ».	
naître égaux en droits	

1 Complétez le texte lacunaire avec les expressions et mots proposés.

> se sont battues – obtenir – violés – s'insurgent – démocratie – se soumettre à l'autorité – citoyens – éclatent – La Déclaration des droits de l'homme et du citoyen

a. _____ a été rédigée en 1789, la même année qu'a éclaté la Révolution française.

b. À cette époque, la France n'était pas encore une _____, mais une monarchie, c'est-à-dire un État dirigé par un roi.

c. Le 14 juillet 1789, le peuple s'est rebellé contre la monarchie absolue. Il refusait de _____ du souverain.

d. La Révolution française a permis au peuple de se faire respecter et d'obtenir des droits en tant que _____.

e. Plus tard, en Europe, tout au long du XXe siècle, les femmes _____ pour _____ le droit de vote.

f. Aujourd'hui encore, des vies humaines sont sacrifiées et les droits de l'homme sont malheureusement encore toujours _____. Voilà pourquoi des guerres civiles _____ partout dans le monde, quand les citoyens _____ contre les décisions d'un dictateur.

Ressources

L'engagement politique

les élections législatives, communales	
un électeur, une électrice	
avoir le droit de vote	
s'inscrire sur les listes électorales	
aller voter, se rendre aux urnes	
voter pour un(e) candidat(e), un parti	
un(e) élu(e)	
le taux de participation/d'abstention	
le dépouillement des votes	

2 Complétez le texte lacunaire avec les expressions et mots proposés.

> élections – voter – sondages d'opinion – électeurs – candidats – campagne électorale – programme – liste – le bulletin de vote – dépouillement – urnes

Lors d'une élection, les électeurs sont appelés à _____ pour leurs _____ favoris. Les partis politiques essayent d'avoir un nombre égal d'hommes et de femmes sur leur _____. Les candidats et candidates mènent une _____ pour présenter leur _____. Les _____ mesurent les intentions de vote avant les élections. Le jour des élections, les _____ se rendent aux _____ pour déposer _____. Le soir, lorsqu'a lieu le _____, les candidats ne tiennent pas en place : ils attendent avec impatience les résultats de leur parti. Qui sera le grand gagnant des _____ ?

À vous !

Par groupe, choisissez une des deux affiches.
Présentez brièvement l'association (son histoire et ses missions).
Expliquez le slogan.

1 Engageons-nous !

« Si tu ne peux pas voler, alors cours. Si tu ne peux pas courir, alors marche. Si tu ne peux pas marcher, alors rampe, mais quoi que tu fasses, tu dois continuer à avancer. »

Citation du discours de Martin Luther King à Cleveland (Glenville High School) le 26 avril 1967.

Le militantisme

militer, lutter pour ou contre qqn/qch	
un(e) militant(e)	
soutenir activement une cause ou une idéologie	
rallier les autres à sa cause	

L'insoumission et la révolte

refuser de se soumettre à une autorité	
dénoncer une injustice	
se révolter, se rebeller, s'insurger	
une révolte, une rébellion, un soulèvement, une insurrection	
un(e) insurgé(e)	

3 **Complétez le texte lacunaire avec les expressions et mots proposés.**

> pasteur – ségrégation¹ – engagement – enterrement – américain – assassiné – non-violent – porte-parole – rallier – obtenir

Martin Luther King était un _____ baptiste noir _____ né à Atlanta. Il s'est fait connaître en 1955 lorsque Rosa Parks, une femme noire, a refusé dans un autobus de céder sa place à un Blanc. Martin Luther King a alors invité ses frères de couleur à ne plus monter dans les autobus. Ce boycott a duré plus d'un an, et chaque jour, plus de 50 000 Noirs ont marché de longues heures pour se rendre à leur travail. C'est grâce à son _____ que les Noirs ont fini par _____ les mêmes droits que les Blancs dans les bus. Mais ce n'était pas suffisant pour Martin Luther King. À partir de ce moment-là, il est devenu leur _____ et a entamé un combat _____ pour obtenir l'abandon de la _____ raciale contre les Noirs. Emprisonné à plusieurs reprises, il a toutefois continué à lutter et à _____ les autres à sa cause. Le 28 août 1963, Martin Luther King a prononcé un célèbre discours : *I Have a Dream*, où il a dit avoir eu un rêve dans lequel les enfants noirs vivraient heureux dans un monde sans racisme.

En 1964, Martin Luther King a obtenu le prix Nobel de la paix. Il a été _____ le 4 avril 1968, à Memphis, à l'âge de 39 ans seulement, par un Blanc. Cent mille personnes ont assisté à son _____ .

1. la ségrégation : le fait de séparer, de mettre volontairement de côté.

4 **Soulignez l'expression qui convient !**

a. Lorsque les salariés ne sont pas satisfaits, ils appellent à *la révolution / à la grève générale / à l'insurrection*.

b. Un écrivain qui traite de politique dans ses ouvrages est *un écrivain militant / un écrivain engagé / un écrivain révolté*.

c. Lorsque de nombreux électeurs ne se rendent pas aux urnes, on déplore *un haut corps électoral / un haut référendum / un haut taux d'abstention*.

d. Lorsque les citoyens peuvent élire leur gouvernement, ils vivent dans *une monarchie / une démocratie / une dictature*.

e. Une information incorrecte mais amusante qui est diffusée par les médias est *un canular / un endoctrinement / une propagande*.

f. Une ONG est *une organisation de sport / une organisation non gouvernementale / une organisation pour s'enrichir*.

1. Engageons-nous !

Les actions solidaires

défendre, soutenir une cause	
s'engager pour une cause	
l'engagement (associatif, politique, humanitaire)	
une ONG (organisation non gouvernementale)	
travailler dans l'humanitaire	
porter secours aux plus démunis	
apporter son soutien	
exprimer sa solidarité	
faire du bénévolat	
faire preuve de générosité	
faire de l'aide au développement	
aider des populations en danger	
soutenir un projet solidaire, civique, caritatif	
s'investir dans un projet	
faire un don	
manifester dans la rue	
prendre la parole	

Les causes solidaires

se mobiliser pour la paix dans le monde	
se battre contre la maltraitance des enfants	
s'opposer au travail des enfants	
combattre l'exclusion sociale	
lutter contre la faim dans le monde	
mener une campagne anti-mines personnelles	
lutter contre le racisme	
s'engager pour l'insertion de personnes en difficulté	
faire de la prévention contre le SIDA	
développer l'aide aux personnes malades	

Parlons-en !

Et vous ? Pour quelle cause humanitaire seriez-vous prêts à vous engager ? Pensez à employer les mots du mémo lexical !

Les scouts de la fédération des éclaireurs et éclaireuses du Luxembourg (FNEL) soutiennent de nombreux projets d'aide au développement au Népal. Ici, un jeune réalisant un Service Volontaire de Coopération dans le cadre du Service National de la Jeunesse du Luxembourg.

Quelques associations solidaires au Luxembourg

Stëmm vun der Strooss est une association qui aide les personnes en difficulté vers une intégration sociale et professionnelle. L'association travaille avec la Croix-Rouge luxembourgeoise et propose d'aider toutes les personnes dans le besoin : les sans-abri, les chômeurs, les ex-détenus, les émigrés et demandeurs d'asile ainsi que les personnes dépendantes de la drogue, de l'alcool ou de médicaments. En 2016, Stëmm vun der Strooss a servi 100 130 repas aux plus démunis.

www.stemm.lu

Fondation Partage Luxembourg est une organisation non gouvernementale qui s'engage à soutenir des projets de coopération au développement visant à améliorer les conditions de vie en Afrique, Asie et Amérique Latine, notamment au niveau de l'éducation, la formation, la nutrition, la santé, l'habitat et l'intégration dans le monde du travail. La Fondation exerce ses activités en étroite collaboration avec des partenaires locaux spécialisés.
Au Luxembourg, l'ONG sensibilise l'opinion publique aux questions de l'équité et de la justice sociale, de la solidarité et des responsabilités envers les hommes et femmes en détresse.

www.partage.lu

L'Office luxembourgeois de l'accueil et de l'intégration est l'administration gouvernementale chargée de mettre en œuvre la politique d'accueil et d'intégration des étrangers au Luxembourg.
Les principales mesures sont le plan d'action national d'intégration et de lutte contre les discriminations et le contrat d'accueil et d'intégration.
L'OLAI organise également l'accueil, l'hébergement et l'encadrement social des demandeurs de protection internationale.

www.olai.public.lu

Cent Buttek est une association sans but lucratif dont l'objectif est la collecte et la redistribution d'aliments aux personnes à revenu très modeste. Les trois magasins sont soutenus par les petits commerces qui font dons des surplus alimentaires. Ce qui à la fin de la journée n'a pas été vendu est redistribué à des foyers pour enfants et adultes.

www.centbuttek.lu

À vous !

Vous connaissez certainement encore d'autres associations de notre pays. Lesquelles ?

1 Engageons-nous !

Lecture de l'image

Toute image cherche à informer, séduire ou interpeler son public.
À nous de bien « lire » l'image afin d'en comprendre toute la signification.
Que vous inspire cette affiche ?

Christian Dehors PARIS
AYONS L'ÉLÉGANCE D'AIDER CEUX QUI N'ONT RIEN. Aurore Association
www.aurore.asso.fr

Présenter une image en 4 étapes

1. Présentez le document.
Précisez s'il s'agit d'une photographie, d'une affiche, d'une peinture, d'une publicité… Quelle est sa fonction : s'agit-il d'une image qui vise à informer, à faire vendre ou réfléchir, à choquer ou simplement à plaire ?

2. Décrivez le document.
Observez l'image à partir des éléments les plus proches (l'avant-plan ou le premier plan) jusqu'aux éléments les plus reculés (l'arrière-plan). Faites-en une description détaillée et relevez les éléments de texte s'il y en a.

3. Interprétez le document.
Expliquez dans quel but cette image a été produite. Quel message est transmis ? Quel public est ciblé ? S'il y a du texte, soyez attentifs aux jeux de mots ou aux traits d'ironie, d'humour…

4. Donnez votre avis personnel.
Prenez position par rapport à l'image. Quels sentiments provoque-t-elle chez vous ?

Atelier

Mise en pratique

1. Présentation
L'image présentée est une photographie qui est utilisée comme affiche de sensibilisation. La fonction de l'affiche est donc d'informer et d'alerter les gens sur la dure réalité des SDF, les personnes sans domicile fixe et leur situation sociale précaire qui les amène à dormir dans la rue.

2. Description
À l'avant-plan, on voit un homme assis sur un trottoir fissuré. Endormi, il a le torse et les bras courbés sur des sacs en plastique qui semblent contenir tout ce qu'il possède. L'arrière-plan montre la façade d'un immeuble en pierre de taille, typique pour la ville de Paris. Au milieu de l'image, on peut lire l'inscription « Christian Dehors. Paris », présentée de la même manière que le logo de la célèbre marque de luxe parisienne « Christian Dior ».

3. Interprétation
Cette image fait partie d'une campagne de communication pour lutter contre l'exclusion des SDF. Avec comme slogan « Ayons l'élégance d'aider ceux qui n'ont rien. », l'association utilise la notoriété d'un nom du monde de la mode et du luxe pour sensibiliser les passants et attirer leur attention sur la situation des sans-abris. L'expression « ayons l'élégance » fait en plus un jeu de mots sur le double sens du terme « élégance » qui peut décrire un style chic comme un comportement moral décent.

4. Prise de position
Je pense que, grâce à de telles affiches, l'association réussira à éveiller les consciences et à changer les mentalités. En effet, tout le monde devrait se sentir plus concerné par la réalité des personnes qui vivent dans la rue et qui sont marginalisées par notre société. Je suis convaincu(e) qu'une telle affiche fait réfléchir et changer le regard porté sur les sans-abris.

À vos stylos !

Relisez les 4 étapes de la méthodologie pour interpréter l'affiche ci-dessous issue de la même campagne de sensibilisation.

1 Engageons-nous !

Albert Camus, *Les Justes* (1950)

Albert Camus est né en Algérie en 1913. Dès son plus jeune âge, il se passionne pour l'écriture. Atteint de tuberculose, Camus doit très jeune comprendre que la mort est au cœur de l'existence. Cela donne à la vie un sentiment d'absurde contre lequel il faut, selon lui, se révolter. Durant la Seconde Guerre mondiale, Camus s'engagera activement dans la Résistance.
L'œuvre de Camus est marquée notamment par les romans *L'Étranger* (1942) et *La Peste* (1947). En 1957, Camus reçoit le prix Nobel de littérature. Il mourra trois ans plus tard dans un accident de voiture.

La pièce Les Justes *est inspirée de faits réels qui se sont déroulés à Moscou en 1905. Un groupe de terroristes, appartenant au parti socialiste révolutionnaire, projette de commettre un attentat contre le grand-duc Serge, qui règne en véritable tyran. Mais l'engagement politique, aussi nécessaire semble-t-il pour lutter contre la tyrannie, justifie-t-il de tuer un homme ?*

Dans le premier acte, le groupe de terroristes se tient prêt à passer à l'acte. Dora doit préparer la bombe que Kaliayev se chargera de lancer sur la calèche du grand-duc. Dans la scène ci-dessous, les deux discutent sur les raisons et les conséquences de leurs actions.

1 KALIAYEV : [...] la vie continue de me paraître merveilleuse. J'aime la beauté, le bonheur ! C'est pour cela que je hais le despotisme. Comment leur expliquer ? La révolution, bien sûr ! Mais la révolution pour la vie, pour donner une chance à la vie, tu comprends ?

DORA, *avec élan* : Oui... (*Plus bas, après un silence.*) Et pourtant, nous allons donner la mort.

5 KALIAYEV : Qui, nous ?... Ah, tu veux dire... Ce n'est pas la même chose. Oh non ! ce n'est pas la même chose. Et puis, nous tuons pour bâtir un monde où plus jamais personne ne tuera ! Nous acceptons d'être criminels pour que la terre se couvre enfin d'innocents.

[...]

KALIAYEV : Peut-on parler de l'action terroriste sans y prendre part ?

10 DORA : Non.

KALIAYEV : Il faut être au premier rang.

DORA, *qui semble réfléchir* : Oui. Il y a le premier rang et il y a le dernier moment. Nous devons y penser. Là est le courage, l'exaltation dont nous avons besoin... dont tu as besoin.

KALIAYEV : Depuis un an, je ne pense à rien d'autre. C'est pour ce moment que j'ai vécu jusqu'ici.
15 Et je sais maintenant que je voudrais périr sur place, à côté du grand-duc. Perdre mon sang jusqu'à la dernière goutte, ou bien brûler d'un seul coup, dans la flamme de l'explosion, et ne rien laisser derrière moi. Comprends-tu pourquoi j'ai demandé à lancer la bombe ? Mourir pour l'idée, c'est la seule façon d'être à la hauteur de l'idée. C'est la justification.

DORA : Moi aussi, je désire cette mort-là.

Kaliayev : Oui, c'est un bonheur qu'on peut envier. La nuit, je me retourne parfois […]. Une pensée me tourmente : ils ont fait de nous des assassins. Mais je pense en même temps que je vais mourir, et alors mon cœur s'apaise. Je souris, vois-tu, et je me rendors comme un enfant.

[…]

Dora, *le regardant* : Je sais. Tu es courageux. C'est cela qui m'inquiète. Tu ris, tu t'exaltes, tu marches au sacrifice, plein de ferveur. Mais dans quelques heures, il faudra sortir de ce rêve, et agir. Peut-être vaut-il mieux en parler à l'avance… pour éviter une surprise, une défaillance…

Kaliayev : Je n'aurai pas de défaillance. Dis ce que tu penses.

Dora : Mais le premier rang… (*Elle se tait, le regarde et semble hésiter.*) Au premier rang, tu vas le voir…

Kaliayev : Qui ?

Dora : Le grand-duc.

Kaliayev : Une seconde, à peine.

Dora : Une seconde où tu le regarderas ! Oh ! Yanek, il faut que tu saches, il faut que tu sois prévenu ! Un homme est un homme. Le grand-duc a peut-être des yeux compatissants. Tu le verras se gratter l'oreille ou sourire joyeusement. Qui sait, il portera peut-être une petite coupure de rasoir. Et s'il te regarde à ce moment-là…

Kaliayev : Ce n'est pas lui que je tue. Je tue le despotisme.

Dora : Bien sûr, bien sûr. Il faut tuer le despotisme. Je préparerai la bombe et en scellant le tube, tu sais, au moment le plus difficile, quand les nerfs se tendent, j'aurai cependant un étrange bonheur dans le cœur. Mais je ne connais pas le grand-duc et ce serait moins facile si, pendant ce temps, il était assis devant moi. Toi, tu vas le voir de près. De très près…

Albert Camus, *Les Justes*, Éditions Gallimard, 1950.

Pour découvrir le texte
1. Comment Kaliayev, dans ses deux premières répliques de l'extrait (l. 1-7), justifie-t-il le fait de commettre un attentat contre le grand-duc ?
2. Pourquoi Dora est-elle inquiète ?

Production libre
Êtes-vous d'accord avec l'affirmation suivante de Kaliayev : « Ce n'est pas lui [le grand-duc] que je tue. Je tue le despotisme. » (l. 37) ? Justifiez votre réponse.

À vous !
Par groupe, sélectionnez un passage de l'extrait. Réécrivez les répliques en utilisant vos propres mots. Jouez la scène devant vos camarades.

1. Engageons-nous !

Tristan Garcia, *La meilleure part des hommes* (2008)

> Le roman *La meilleure part des hommes* raconte les années SIDA en France, quand à la fin des années 1980, les campagnes de sensibilisation commencent à occuper les devants de la scène politique et médiatique. Dominique Rossi, ancien militant gauchiste, fonde alors la première grande association de lutte et d'émancipation de l'homosexualité en France.

Dès 1986-1987, Doum a fondé, sur le modèle américain, une association d'activistes[1] homos, à la fois pour soutenir les séropos[2], pour interpeller[3] les pouvoirs (car il apparaissait alors qu'il y en avait plusieurs, comme disait Foucault[4], qui venaient de mourir) et pour défendre les gays, les lesbiennes et toutes les « fractions » qui
5 commençaient à bourgeonner[5] : queer[6], trans et tous les trucs du genre.

Ils ont été trois à l'aider à mettre sur pied Stand (qui s'appelait à l'origine Stand-UP : Section Transgenre d'Attaque de la Norme et de Défense de l'Union Pédé) : Eric, un artiste, écrivain, homme de théâtre, Rico, un commercial, proche de la pub, et Philippe, vieille figure de la communauté, presque un ancien monsieur
10 en pardessus[7], ancien surréaliste, amateur de photos, rentier[8], proustien[9], et qui prêtait son appartement près de Rambuteau. [...]

Rico a décidé d'organiser un rassemblement, tous allongés, devant le siège des socialistes, qui n'étaient plus au pouvoir, et là, Doum a fait un antidiscours. Ils se sont tous foutus du gros scotch sur la bouche et ils ont fait les morts sur la
15 chaussée.

Ils avaient simplement affiché une pancarte : « Les morts ne parlent pas. Nous n'avons rien à dire. »

Bien sûr, ils s'inspiraient de l'activisme américain. Ils prenaient le contre-pied[10] des manifs devenus traditionnelles, sans surprise, à l'âge où on voulait
20 du nouveau, de l'événement. Ils n'attaquaient plus seulement le pouvoir, ils interpellaient la société civile, comme on commençait à prendre l'habitude de dire. Ils étaient peu, mais ça plaisait presque d'autant plus aux médias, les télés étaient là.

Tristan Garcia, *La meilleure part des hommes*, Éditions Gallimard, 2008.

---

1. un activiste : personne qui pour défendre ses idées est prête à passer à l'action, parfois même dans l'illégalité, mais le plus souvent dans la non-violence (ex : les actions choc de *Greenpeace*).
2. les séropos : abréviation pour les séropositifs, les personnes contaminées par le virus VIH.
3. interpeller : exiger une réaction ou explication sur un sujet.
4. Michel Foucault, un des philosophes français les plus importants du XXe siècle, a introduit de nouveaux sujets de réflexion (la prison, la folie, la sexualité) pour lesquels il s'est engagé dans la société. Il est mort du SIDA en 1984.
5. bourgeonner : *ici* apparaître pour la première fois.
6. queer (de l'anglais « bizarre ») : relatif à l'ensemble de la communauté LGBT (hétérosexuels, gays, bisexuels, transsexuels et plus).
7. un pardessus : un manteau.
8. un rentier : *ici* personne qui a des revenus suffisants pour vivre sans travailler.
9. Dans son œuvre *À la recherche du temps perdu*, Marcel Proust (1871-1922) est un des premiers écrivains en Europe a avoir évoqué des relations homosexuelles.
10. prendre le contre-pied : faire le contraire.

▪ Pour découvrir le texte

1. Pourquoi le rassemblement organisé par Rico ne ressemble-t-il pas aux manifestations traditionnelles ?
2. Expliquez le slogan sur la pancarte : « Les morts ne parlent pas. Nous n'avons rien à dire. » (l. 16-17) Prenez position !

▪ Parlons-en !

Pensez-vous que les campagnes choc pour sensibiliser surtout les jeunes à la prévention contre le SIDA soient utiles et efficaces ?
Discutez-en en classe en vous basant sur cette affiche ou sur d'autres campagnes que vous connaissez !

Évasion

Paul Éluard, « Courage » (1942)

Paris a froid Paris a faim
Paris ne mange plus de marrons dans la rue
Paris a mis de vieux vêtements de vieille
Paris dort tout debout sans air dans le métro
5   Plus de malheur encore est imposé aux pauvres
Et la sagesse et la folie
De Paris malheureux
C'est l'air pur c'est le feu
C'est la beauté c'est la bonté
10 De ses travailleurs affamés
Ne crie pas au secours Paris
Tu es vivant d'une vie sans égale
Et derrière la nudité
De ta pâleur de ta maigreur
15 Tout ce qui est humain se révèle en tes yeux
Paris ma belle ville
Fine comme une aiguille forte comme une épée
Ingénue[1] et savante
Tu ne supportes pas l'injustice
20 Pour toi c'est le seul désordre
Tu vas te libérer Paris
Paris tremblant comme une étoile
Notre espoir survivant
Tu vas te libérer de la fatigue et de la boue
25 Frères ayons du courage
Nous qui ne sommes pas casqués
Ni bottés ni gantés ni bien élevés
Un rayon s'allume en nos veines
Notre lumière nous revient
30 Les meilleurs d'entre nous sont morts pour nous
Et voici que leur sang retrouve notre cœur
Et c'est de nouveau le matin un matin de Paris
La pointe de la délivrance
L'espace du printemps naissant
35 La force idiote a le dessous
Ces esclaves nos ennemis
S'ils ont compris
S'ils sont capables de comprendre
Vont se lever.

Paul Éluard, *Au rendez-vous allemand*,
Les Éditions de Minuit, 1945-2012.

---
1. ingénu(e) : naïf/naïve.

Paul Éluard (1895-1952) compte parmi les poètes les plus importants du mouvement du surréalisme, né à la suite de la Première Guerre mondiale pour exprimer la révolte contre les horreurs traumatisantes et la perte de tout humanisme vécues sur les champs de bataille. Cet engagement, dont le but est de réinventer la vie à travers son expression par la poésie, se poursuit dès 1936 dans la lutte contre le fascisme. Éluard participe à la Résistance contre l'occupant nazi, en publiant notamment des poèmes sous divers pseudonymes. Dans son poème « Courage », il exprime la détresse des habitants de Paris occupé au cours de l'hiver 1940-1941. Le lyrisme du poète – c'est-à-dire l'expression de ses sentiments – finit dans un appel à la révolte.

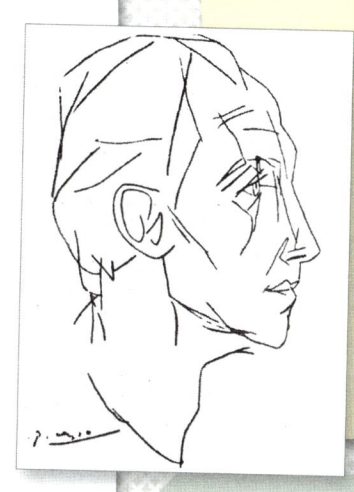

■ Enrichissement lexical
Quel sentiment les mots « matin », « printemps » et « lumière » expriment-ils à la fin du poème ? Justifiez votre réponse !

■ Pour découvrir le texte
1. À l'aide du « petit + », expliquez comment et pourquoi Paris est personnifiée dans ce poème.
2. Retrouvez les vers qui
   a. expriment le malheur de Paris ;
   b. montrent les qualités de Paris ;
   c. redonnent de l'espoir aux habitants ;
   d. appellent à la révolte.
3. Qui sont les « frères » du poète ?

■ Développement personnel
Selon vous, quels vers pourraient redonner courage aux habitants de Paris après les attentats perpétrés en 2015 ? Justifiez vos propos.

Le petit +
La personnification permet de donner des caractéristiques humaines (sentiments, comportements) à des animaux ou à des objets. Grâce à ce rapprochement poétique, le lecteur peut mieux comprendre le monde qui l'entoure.

1. Engageons-nous !

Libre cours

IAM, « Habitude » (2013)

Le rap est un genre musical né au cours des années 70, dans les banlieues américaines. Les textes sont en général engagés et traitent des sujets de la réalité quotidienne des quartiers populaires (pauvreté, drogue, racisme). Art de la scène, le rap se caractérise par un rythme saccadé et un style de diction mi-parlé mi-chanté.
Voici un exemple de rap engagé du groupe marseillais IAM, écrit pour la fondation Abbé Pierre, une association caritative qui lutte contre l'exclusion sociale.

Aucun visage ne me regarde
Et sur les quelques pièces que je glane
À la sortie des magasins, après l'office
Le côté face aussi me donne le profil
5 Le soleil tombe avec les degrés
Depuis ce matin je marche, mais là mes pieds sont las, il faudrait que je pense à me poser
Que je me trouve un porche ou un coin tranquille, bien abrité
À l'écart des regards, la tolérance est souvent mal imitée
10 Parfois j'aimerais être invisible tout comme ces fantômes
Ne pas voir ces yeux, qui ne me regardent pas comme on regarde un homme
« Bonjour madame, n'ayez pas peur, non, je ne suis pas dangereux
Je vous tiens la porte c'est tout, c'est pas à votre sac que j'en veux »

C'est qu'un « bonjour », ça ne vous coûtera pas 1 €
15 Allez fouillez votre cœur, y'a peut-être encore quelques « mercis »
Je vous jure c'est pas de ma faute si tout le pays part en vrille
Je suis là par manque de chance, la vie a ses sombres héros

Comme une ombre au tableau, je croise des routes sans jamais laisser de trace
S'il vous plaît, voyez moi, une fois avant que le vieux ne m'efface
20 Je sais c'est dur car vous me percevez comme un peut-être
Alors c'est presque par instinct que vous tournez la tête

C'est vrai je dors là, où vos chiens ont leur chiottes
Je gêne les amoureux qui sur les bancs, le soir se bécotent
Et si le vent parfois me force à squatter vos entrées
25 N'oubliez pas, même les vaincus ont droit au respect

Et si le dédain était armé, je serais mort 1000 fois
Comme ceux qu'on trouve le matin gelés et morts de froid
Mais là c'est pire ma présence ne choque même plus
Le temps défile et doucement je deviens une simple habitude

© « Habitude » IAM Feat Faf Larage / Akhenaton – Shurik'n – Faf Larage / Sébastien Damiani – Faf Larage / Édité par Côté Obscur & Raphael Mussard / (p) & © 2013 2013 Def Jam Recordings France, un label Universal Music France.

Pour découvrir la chanson
1. Expliquez le sentiment de lassitude exprimé par le SDF à la dernière ligne.
2. Visionnez le clip de la chanson sur Internet. Comment le réalisateur traduit-il ce sentiment ?
3. Expliquez le jeu de mot suivant : « le côté face aussi me donne le profil ».

Tous en chœur !
Voici deux autres raps engagés en langues allemande et anglaise :
– Ok Kid, « Gute Menschen ».
– Prophets of rage, « Prophets of rage ».
1. Faites une recherche sur Internet et lisez les paroles de ces chansons.
2. Pourquoi s'agit-il de rap engagé ?
3. Quelle chanson parmi les trois est, selon vous, la plus convaincante ? Pourquoi ?

Parlons-en !
Pensez-vous que le rap engagé puisse avoir un impact sur la société ? Discutez-en en classe.

Leçon 2 — Se sentir bien

Au cours de cette leçon, nous allons :

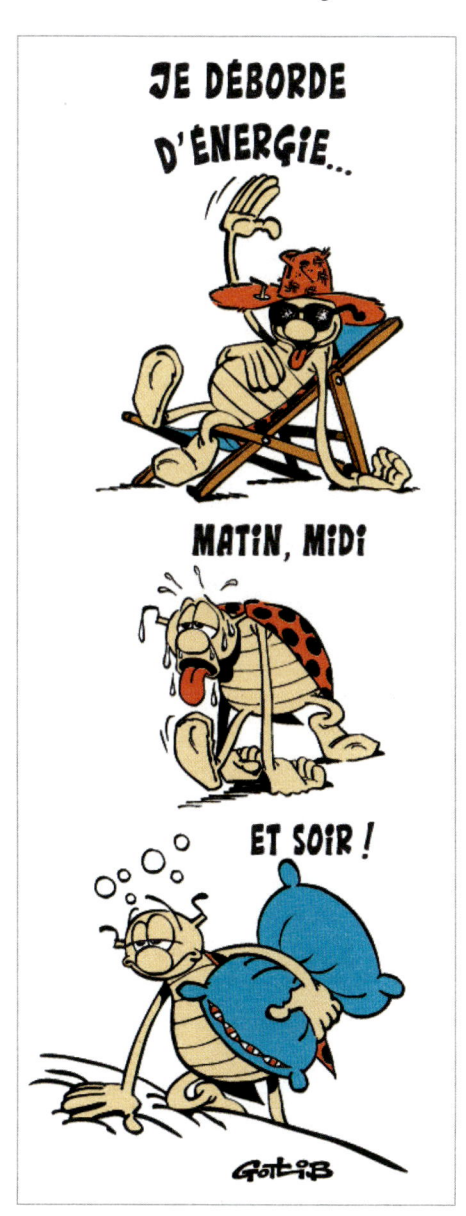

échanger sur **l'adolescence**

nous **entraîner** à trouver **les mots justes**

réfléchir à ce qui permet notre **épanouissement personnel**

2 Se sentir bien

Des idées aux mots !

1• Notez sur un brouillon les idées et les mots que vous associez au sujet du bien-être.

2• Par deux ou par quatre, mettez en commun vos brouillons.

3• Comparez vos idées et faites une sélection des expressions et des mots les plus pertinents.

4• Notez-les sur le bloc-notes ci-contre.

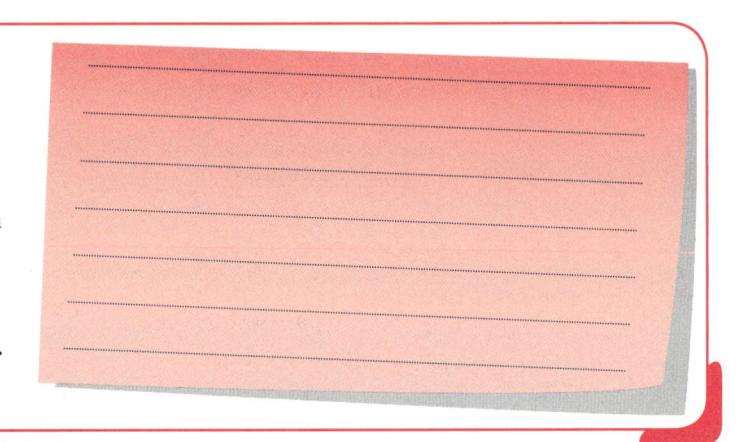

Vu d'ici

LE GRAND-DUCHÉ, 17e PAYS LE PLUS HEUREUX AU MONDE

18e en 2017, le Luxembourg est en 2018 le 17e pays le plus heureux au monde, selon le World Happiness Report 2018. Créé par l'ONU en 2012, le World Happiness Report classe 156 pays selon leur niveau de bonheur et 117 pays selon le niveau de bonheur des immigrés. Six facteurs entrent en ligne de compte : produit intérieur brut (PIB) par habitant, espérance de vie en bonne santé, liberté, générosité, aide sociale et perception de la corruption dans le gouvernement ou les affaires.

La méthodologie utilisée consiste à demander à un échantillon d'environ 1 000 personnes de répondre à une série de questions sur la perception de leur qualité de vie sur une échelle de 1 à 10.

Après la Norvège l'an passé, c'est au tour de sa voisine la Finlande d'être officiellement classée pays le plus heureux du monde, y compris pour ses immigrés. La Finlande devance la Norvège et le Danemark au classement, suivis par l'Islande, la Suisse, les Pays-Bas, le Canada, la Nouvelle-Zélande, la Suède et l'Australie.

La Finlande monte également sur la première marche du podium pour le bonheur de ses immigrés. Ce rapport porte une attention particulière au niveau de bonheur des immigrés, et comprend quatre chapitres sur la migration, à la fois interne (au sein d'un même territoire) et international (de pays à pays).

« Les gouvernements utilisent de plus en plus des indicateurs de bonheur pour la prise de décision et l'élaboration de leurs politiques », note Jeffrey D. Sachs, coéditeur du rapport, cité dans un communiqué. « Le résultat le plus surprenant de ce rapport est la cohérence[1] remarquable entre le bonheur des immigrés et celui des autochtones[2] », explique pour sa part John Helliwell, professeur à l'Université de la Colombie-Britannique. « Bien que les immigrés viennent de pays très disparates en termes de niveau de bonheur, leur qualité de vie et celle des résidents de leur pays d'accueil convergent[3] », souligne-t-il.

www.lessentiel.lu, 14/03/2018.

1. une cohérence : une logique.
2. un autochtone : personne originaire du pays qu'elle habite.
3. converger : se diriger vers le même but.

Ça fait l'actu !

Interactions

LE SPORT FAVORISE-T-IL LE DÉVELOPPEMENT PERSONNEL ?

Nombre d'articles vous expliqueront que le sport favorise effectivement le développement personnel.

Tout d'abord parce que la pratique sportive permet de libérer diverses hormones du bien-être telles que les endorphines (hormones du bien-être), la mélatonine (une hormone qui favorise le sommeil), la sérotonine (un neurotransmetteur efficace contre la dépression)…

Ensuite, pratiquer le sport permet évidemment de développer la confiance en soi. D'une part, parce que la pratique du sport permet une transformation physique, notamment une tonification musculaire[1] qui permet d'apprécier l'image de soi-même et d'autre part parce que pratiquer le sport permet d'améliorer sa condition physique et ses performances ce qui augmente la confiance que l'on peut avoir en soi et en ses capacités.

Cependant, on lit moins couramment en quoi le sport peut favoriser le lâcher-prise[2] et le développement de l'intuition. En effet, la pratique du sport permet de se concentrer sur la seule tâche que l'on est en train d'accomplir et de lâcher prise en mettant de côté le mental qui nous empêche d'être détendu, calme, centré sur nous-mêmes ce qui nous permet d'être bien mais aussi à l'écoute de nous-mêmes et de notre intuition.

Aujourd'hui, nombre de personnes souffrent de stress et de dépression parce qu'elles sont en déphasage[3] avec leur nature profonde et leur ressenti, notamment parce qu'elles ne sont pas à l'écoute d'elles-mêmes parce qu'elles écoutent trop leur mental. Si la méditation classique ne convient pas à ces personnes qui ont besoin d'être en mouvement, la pratique du sport pourra faire office de méditation dans le mouvement et les aider à retrouver le chemin du bien-être vers elles-mêmes.

Amélie Bruder, www.myfitnesslesite.fr, 22/06/2016.

1. la tonification musculaire : le renforcement musculaire.
2. le lâcher-prise : moyen de se libérer du stress.
3. être en déphasage : perdre contact.

Lecture du dossier

La classe se partage les 2 documents. Chaque document aborde le sujet du bien-être. Dégagez les idées principales, puis réalisez les tâches proposées. Partagez vos réponses avec vos camarades.

1. Le Luxembourg, 17e pays le plus heureux du monde
– Présentez les facteurs de bien-être mentionnés dans l'article.
– Lesquels sont les plus importants pour vous ? Justifiez votre choix.

2. Le sport favorise-t-il le développement personnel ?
– Relevez les arguments qui prouvent que le sport favorise le développement personnel.
– Quel effet bénéfique le sport et la méditation classique ont-ils en commun ?

➤ À vous !

Qu'est-ce qui fait votre bien-être ?

Apportez en classe une photo de ce qu'est le bien-être pour vous (un endroit préféré, une activité sportive, les amis, la famille…).

Décrivez-la à vos camarades.

Justifiez votre choix.

2 Se sentir bien

JEUNES ADULTES : ATTENTION FRAGILES !
ENTRETIEN AVEC DAVID GOURION

Dans son dernier livre, le psychiatre David Gourion s'inquiète de la faible prise en charge du mal-être des jeunes.

Certes, la plupart des jeunes se portent bien. […] Mais pour une part non négligeable d'entre eux existe un réel mal de vivre.

Vous affirmez que 25 % des jeunes entre 15 et 30 ans seraient concernés par un trouble psychique. Est-ce que les jeunes d'aujourd'hui souffrent plus que ceux d'hier ?

D'un côté, certaines études suggèrent que l'autisme[1], les troubles bipolaires[2], les troubles anxieux et la dépression ont beaucoup augmenté en l'espace de trente ans chez les jeunes. De l'autre, certains pensent qu'il n'y en a pas plus, mais qu'on les diagnostique trop facilement, sous l'influence de l'industrie pharmaceutique qui chercherait à commercialiser le plus de psychotropes[3] possibles. Sans entrer dans les querelles d'experts, je pense que certains troubles sont en nette augmentation, principalement les addictions. La consommation d'alcool et de cannabis est de plus en plus précoce et fréquente, y compris chez les filles ; les pathologies liées au stress, comme l'anxiété, la dépression et les troubles du comportement alimentaire également. […]

Quelles sont les raisons de ce mal-être croissant selon vous ?

Notre environnement et nos habitudes de vie ont considérablement évolué au cours des dernières décennies. On estime par exemple aujourd'hui que seuls 30 à 40 % des jeunes Occidentaux ont une activité physique régulière et suffisante. Or, on sait que l'exercice physique a des effets très bénéfiques sur la régulation du stress. On a également beaucoup décalé nos rythmes sociaux : les jeunes adultes se couchent de plus en plus tard, si bien que leur temps de sommeil moyen s'est réduit d'une à deux heures par nuit en l'espace de vingt ans. Enfin, la pression sociale s'est renforcée avec l'augmentation drastique du chômage chez les jeunes. À cela, il faut ajouter les problèmes croissants de solitude dans les grandes villes, aggravés par les cyberaddictions[4] dans lesquelles se réfugient beaucoup de jeunes désociabilisés[5].

---

1. l'autisme : trouble du développement caractérisé par des difficultés dans les rapports sociaux et la communication.
2. les troubles bipolaires : alternances d'humeur, entre des périodes euphoriques et dépressives.
3. les psychotropes : substances qui agissent sur le cerveau et modifient le comportement.
4. les cyberaddictions : dépendances aux jeux vidéo et/ou à Internet.
5. désociabilisés : ne plus être aptes à vivre en société.

Dans votre livre, vous soutenez également que le cerveau des jeunes est particulièrement vulnérable. Pourtant, c'est aussi l'âge auquel notre esprit est le plus vif…

Il est vrai qu'entre 15 et 30 ans, on a les plus hautes performances cognitives. Mais, pendant cette période, le système neuronal est complètement réorganisé, justement pour gagner en performance. […] Consommer du cannabis quotidiennement avant l'âge de 15 ans peut entraîner des dégâts irréversibles[6]. Dans la mesure où 80 % des troubles psychiques se déclarent entre 15 et 25 ans, si l'on passe le cap de la trentaine sans avoir déclenché de trouble, il y a relativement peu de risques d'en développer après. J'ai donc un message à faire passer aux jeunes : protégez votre cerveau, surtout si vous êtes un peu sensibles sur le plan émotionnel et si des membres de votre famille ont souffert de troubles psychiques.

Vous déplorez le manque d'informations sur les troubles psychiques en France. D'après vous, 75 % des jeunes en souffrance ne reçoivent aucune aide. Comment y remédier ?

Les problématiques de la souffrance psychique restent encore aujourd'hui un peu taboues en France. Au fil des quarante dernières années, on a réussi à baisser drastiquement le nombre de morts sur les routes. Dans le même temps, le taux de suicides a augmenté de 25 %. C'est aujourd'hui la première cause de mortalité des 15-30 ans. Or, le budget consacré à la prévention du suicide en France ne représente que 1 % de celui dépensé pour lutter contre la mortalité routière. Il faut que l'on se réveille ! […] L'idée, c'est de ne pas arriver après la bataille, une fois que la souffrance psychique est déjà bien installée. L'intervention précoce porte ses fruits. Plus on attend, plus les petits symptômes risquent de devenir de grandes souffrances. […]

www.scienceshumaines.com, 15/01/2016.

---
6. irréversibles : qui sont définitifs.

Interactions

▶ Enrichissement lexical
Expliquez dans le contexte de l'article les expressions suivantes :
1. « ne pas arriver après la bataille » (l. 62)
2. « porte ses fruits » (l. 64)

▶ Compréhension de texte
À l'aide des éléments du texte, répondez de manière concise aux questions suivantes. Veillez à utiliser vos propres mots.
1. Quels sont les troubles qui ont nettement augmenté chez les jeunes ces dernières années ? Pourquoi ?
2. Pourquoi est-il particulièrement important de protéger son cerveau entre 15 et 30 ans ?

▶ Développement personnel
Pensez-vous que ce soit la société moderne qui rend les jeunes de plus en plus fragiles ?

Développez vos idées à l'aide d'arguments clairs.

Le petit +

Kanner-Jugendtelefon est une association luxembourgeoise qui offre la possibilité aux enfants et aux adolescents de confier leurs problèmes, soit en appelant au numéro mis à disposition, soit en écrivant un mail. Les bénévoles répondent, en garantissant l'anonymat et la confidentialité. À l'écoute des jeunes, ils les soutiennent et les orientent dans leurs démarches, sans intervenir directement. Chaque année, KJT est contacté plus de 1300 fois par des jeunes en difficultés (www.kjt.lu/fr/).

2 Se sentir bien

La santé

faire un bilan de santé	
être en bonne santé	
avoir une santé de fer / une santé fragile	
être en pleine forme / être à bout de forces	
avoir des ennuis de santé	
mettre sa santé en danger, en péril	
nuire à la santé (ex : fumer nuit à la santé)	
souhaiter un bon rétablissement à qqn	
guérir, se remettre (ex : se remettre d'un rhume)	
se faire vacciner	

La maladie

attraper une maladie, un virus	
tomber malade	
dépister une maladie	
faire un diagnostic	
lancer une campagne de dépistage (du cancer)	
avoir des douleurs	
souffrir de douleurs chroniques	
être atteint(e) d'une maladie	
souffrir d'une maladie incurable, inguérissable	

Le stress

être stressé(e), tendu(e)	
être épuisé(e), exténué(e)	
faire un burn-out	
être au bout du rouleau (fam.)	
gérer son stress	
dormir mal, souffrir d'insomnies	

LES EFFETS DU STRESS SUR LA SANTÉ

Cheveux
Perte des cheveux

Cerveau
Anxiété, dépression, troubles de l'humeur, du sommeil, de la concentration, insomnies, pertes de mémoire.

Muscles
Douleurs chroniques, tension musculaire (mâchoires, cou, dos), fatigue permanente généralisée.

Cœur
Palpitations, risques cardio-vasculaires.

Système digestif
Troubles digestifs (coliques, constipation, brûlures d'estomac…)

Poumons
Augmente le risque d'asthme.

Sang
Augmentation du taux de sucre, du taux de cholestérol.

Organes de reproduction
Baisse de la libido, aménorrhée.

Système immunitaire
Affaiblissement du système immunitaire.

Poids
Prise (ou perte) de poids, obésité.

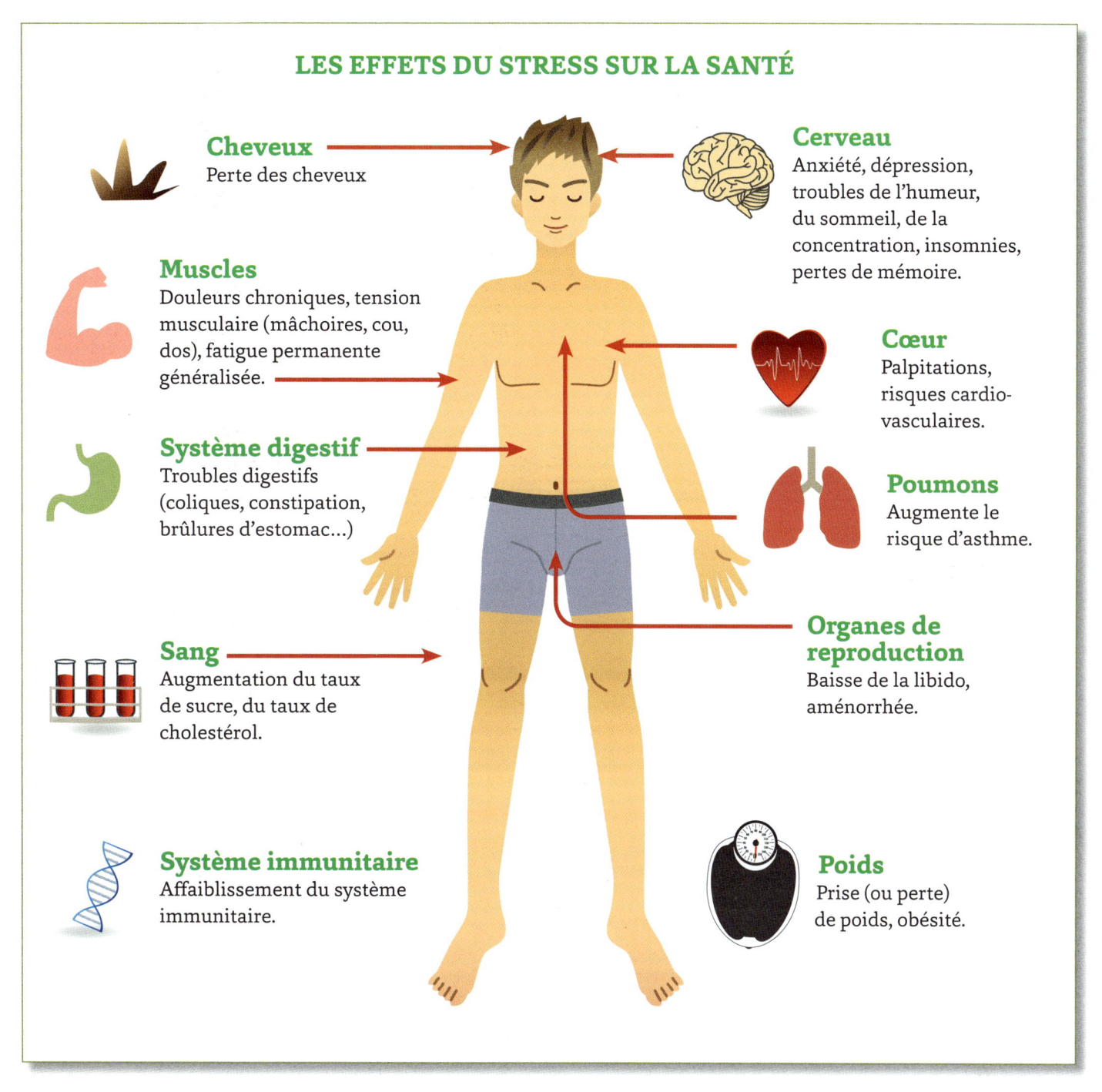

1 Complétez le texte lacunaire avec les expressions et mots proposés. Faites les modifications nécessaires !

> mal du siècle – péril – burn-out – fléau – capacité – épuisé – gérer

Dans nos sociétés occidentales, le stress est devenu au fil du temps un véritable _____ et peut être considéré aujourd'hui comme le _____ . Aussi bien les enfants que les adolescents, les parents et les personnes actives y sont exposés et ont de plus en plus de mal à le _____ . En effet, il met en _____ la santé physique et mentale des gens. Lorsqu'un individu _____ est soumis à des exigences qui dépassent ses _____ sur une période prolongée et n'arrive plus à sortir de cette spirale infernale, il risque même de faire un _____ .

2 Se sentir bien

La devise « Un esprit sain dans un corps sain » (du latin « *Mens sana in corpore sano* ») invite à soigner sa santé mentale et physique pour mieux pouvoir s'épanouir dans sa vie.

Parlons-en !

Et vous ? Êtes-vous plutôt quelqu'un de stressé ou de détendu ?
Quelles sont pour vous des sources de stress ?
Que faites-vous pour y remédier ?

Le bien-être

écouter son corps	
se détendre	
méditer	
garder son calme	
se ressourcer	
recharger ses batteries	
prendre soin de soi	
faire du sport, pratiquer une activité physique	
se dépenser, se défouler	
se sentir bien dans son corps	
profiter des plaisirs de la vie	

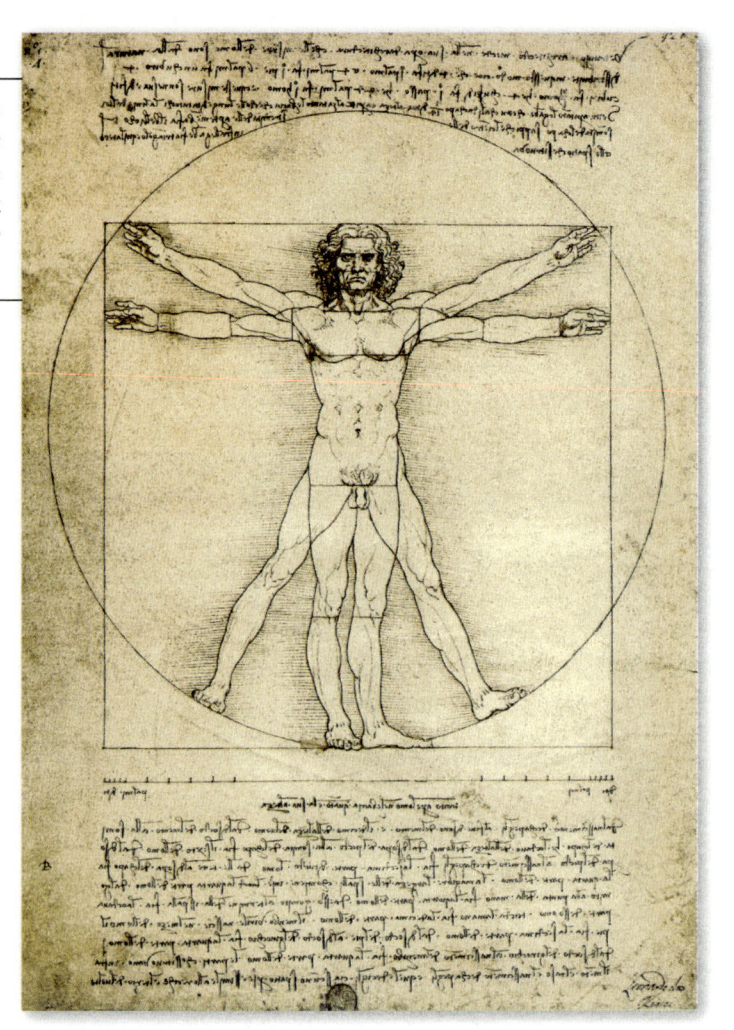

Léonard de Vinci, *Les proportions du corps humain selon Vitruve*, vers 1492.

À vous !

Bastien, un jeune garçon de 16 ans, appelle le Kanner-Jugendtelefon. Depuis quelques semaines, il n'arrive plus à dormir et se sent mal dans sa peau.

1. Par deux, écrivez un dialogue d'au moins 20 répliques.
2. Jouez la scène à vos camarades.

L'alimentation

manger équilibré	
manger bio	
adopter une alimentation saine	
consommer des fruits et des légumes	
limiter la consommation de produits sucrés et de matières grasses	
varier son alimentation	
boire suffisamment d'eau	
modérer sa consommation d'alcool	
lutter contre le surpoids	

Les troubles du comportement alimentaire

souffrir d'un trouble du comportement alimentaire	
l'obésité	
être obèse	
l'anorexie	
être anorexique	
être obsédé(e) par le besoin de maigrir	
se priver de nourriture	
la boulimie	
être boulimique	
engloutir d'énormes quantités de nourriture	

Et vous ? Comment mangez-vous ?

1. **Quel est votre régime alimentaire ?**
   ❏ omnivore[1]   ❏ végétarien   ❏ végane[2]   ❏ sans gluten   ❏ autre

2. **Où votre famille fait-elle ses courses normalement ?**
   ❏ supermarché   ❏ discount   ❏ marché   ❏ magasin bio   ❏ autre

   ....

3. **Consommez-vous beaucoup de produits industriels transformés ?**   ❏ Oui   ❏ Non
   Si oui, lesquels ?
   ❏ plats préparés   ❏ biscuits   ❏ sauces   ❏ gâteaux apéritifs

4. **Mangez-vous bio ?**   ❏ Oui   ❏ Non
   Si oui, à quel pourcentage environ ?

   ....

5. **Le bien-être des animaux est-il un critère pour vos achats ?**   ❏ Oui   ❏ Non
6. **L'environnement entre-t-il en considération lors de vos achats ?**   ❏ Oui   ❏ Non

   ....

7. **Avez-vous un potager ou quelques plantes que vous cultivez chez vous pour vous nourrir ?**   ❏ Oui   ❏ Non

   ....

8. **Prenez-vous du plaisir à manger ?**   ❏ Oui   ❏ Non

   ....

1. omnivore : qui mange de tout.
2. végane : qui exclut dans sa consommation les produits animaux.

2 Se sentir bien

❸ Complétez le texte lacunaire avec les expressions et mots proposés. Faites les modifications nécessaires !

> confiance – maîtrise – comportement – fatal – maigrir – limiter – grossir – obsessionnel – préoccupation – transition – vide – engloutir – culpabilité – aliment

Les troubles du _____ alimentaire les plus connus sont la boulimie et l'anorexie mentale. Ces troubles touchent généralement les jeunes de 12 à 25 ans. Ils débutent souvent à l'adolescence car il s'agit d'une période de _____. Et le domaine alimentaire, fortement symbolique, en fait partie. Pour beaucoup d'adolescents, le besoin de se priver de nourriture est un rite de passage pour pouvoir se construire en tant qu'adulte et rejeter les modèles acceptés depuis l'enfance.

Prenons par exemple la boulimie. La boulimie survient en majorité chez des jeunes qui ressentent un _____ intérieur angoissant. Trois facteurs principaux sont généralement à l'origine des mécanismes de boulimie : un état dépressif, un manque de _____ en soi et une volonté de maîtrise.

Souvent beaucoup trop restrictif, le régime des boulimiques va entraîner un attrait obsessionnel pour les _____ tabous, complètement éliminés par le régime, comme les chips, le chocolat ou les pâtisseries. La boulimie se caractérise aussi par une soudaine perte de contrôle qui pousse la personne atteinte à _____ d'énormes quantités de nourriture en un temps record. Après une crise de suralimentation compulsive, les boulimiques éprouvent généralement une grande _____ et vomissent immédiatement leur repas.

L'anorexie mentale est probablement l'atteinte la plus grave, car elle peut s'avérer _____. Elle se manifeste par le besoin obsessionnel de _____. Une force inconsciente pousse la personne à _____ son alimentation alors que son poids corporel ne le justifie pas. L'image de soi est complètement distordue ; étant maigre, on se voit obèse.

Ce besoin dérive d'une peur panique de _____.

Les jeunes agissent ainsi parce qu'ils se sentent mal dans leur peau. Ils éprouvent le besoin de tout contrôler et d'avoir une _____ absolue non seulement de leur corps mais de toute leur vie.

Les parents et les amis s'en aperçoivent généralement lorsque l'adolescent(e) ne pense plus qu'à perdre du poids, de manière _____ et lorsque l'alimentation devient alors sa seule et unique _____. Notons que l'anorexie mentale est aussi souvent associée à une hyperactivité physique et sportive.

D'après *Alimentation et surpoids à l'adolescence*, Dr Dominique Durrer et Yves Schutz, Éditions Médecine et Hygiène, 2010.

Parlons-en !

Pensez-vous que nous vivions dans une société qui prône le culte de la minceur ?

Le harcèlement dans les écoles est une « réalité »

Chaque cinquième jeune est victime de harcèlement (mobbing) ou de taxage (racketing) dans les écoles du pays. Une initiative partie du lycée Aline-Mayrisch constitue un nouvel outil de sensibilisation et de prévention pour lutter contre ce phénomène.

« En étant sincère, on peut tous répondre au moins une fois oui à la question si on a déjà harcelé quelqu'un ou toléré un tel acte. » Ces mots forts ont été prononcés […] au Forum Gesseknäppchen à Luxembourg par une élève ayant participé au projet « Together against mobbing ». Pendant deux ans, le lycée Aline-Mayrisch (LAML) a travaillé en étroite collaboration avec la police grand-ducale mais aussi le Parquet Jeunesse et bon nombre d'autres acteurs pour mieux sensibiliser les élèves à ce phénomène.

Le travail de prévention se base désormais sur trois clips vidéo, traitant du harcèlement moral (mobbing), du cyber-harcèlement et du taxage (racketing). Ces clips sont accompagnés par du matériel didactique qui pourra servir d'« outil de travail dans tous les lycées du pays », comme l'a souligné Steve Goedert, chef du bureau régional de prévention de la police grand-ducale à Luxembourg.

Risque de suicide

« Le harcèlement est une réalité. L'école doit donc y faire face. Le problème doit être reconnu, combattu et il faut trouver ensemble des remèdes », a mis en avant le ministre de l'Éducation nationale. Selon les derniers chiffres disponibles, un jeune sur cinq est aujourd'hui victime d'harcèlement dans les écoles du pays. Pire : au moins un élève par classe se sent si isolé et esseulé qu'il pense à se suicider. « Le mobbing peut avoir des effets extrêmes sur la santé, avec à la clé de l'absentéisme, du décrochage scolaire et même des dépressions qui peuvent mener au suicide », développe le ministre, qui mise sur le bon exemple du LAML pour encourager encore davantage les écoles à travailler dans ce domaine.

L'initiative lancée par le LAML comprend aussi la formation de médiateurs. Ce sont des élèves qui veillent eux-mêmes au maintien d'un climat paisible et agréable dans les classes. « On a besoin d'ambassadeurs forts sur le terrain », insiste le directeur du lycée Aline-Mayrisch. Il s'agit d'une initiative importante pour prévenir le pire. « La confiance est comme une feuille de papier. Si elle se déchire, elle ne sera plus jamais comme avant », conclut une des élèves impliqués dans ce projet participatif. À bon entendeur.

David Marques, www.lequotidien.lu, 24/10/2017.

▶ Enrichissement lexical

Créez le mémo lexical sur le harcèlement en recopiant les mots surlignés du texte. Complétez la liste.

✏ À vos stylos !

En vue de la publication d'un livret de sensibilisation au harcèlement scolaire par le SePAS (Service psycho-social et d'accompagnement scolaires), vous rédigez un texte de 250 mots dans lequel vous racontez une expérience de victime ou de témoin de harcèlement. En conclusion, vous proposez des mesures de prévention concrètes.

Organisez vos idées et soignez votre expression !

2 Se sentir bien

Trouver ses mots

« Je me sens comme un **poisson** dans l'eau ! »
« Le plus important, c'est d'être bien dans sa **peau**. »
« Dans son nouveau lycée, elle se sent bien dans ses **baskets**. »
« Ça lui fait tout **drôle** de rencontrer son acteur préféré. »

Ces expressions et proverbes présentent une utilisation imagée de certains termes. Le dictionnaire permet de se renseigner sur le sens et l'emploi de ces mots.

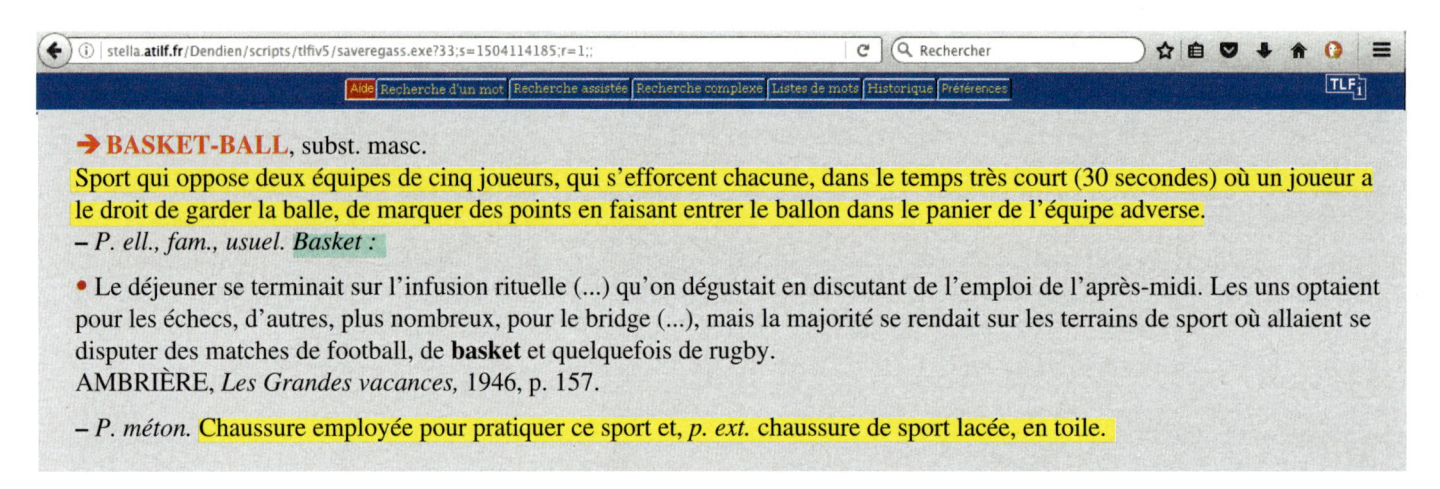

> → **BASKET-BALL**, subst. masc.
> Sport qui oppose deux équipes de cinq joueurs, qui s'efforcent chacune, dans le temps très court (30 secondes) où un joueur a le droit de garder la balle, de marquer des points en faisant entrer le ballon dans le panier de l'équipe adverse.
> – P. ell., fam., usuel. Basket :
> • Le déjeuner se terminait sur l'infusion rituelle (...) qu'on dégustait en discutant de l'emploi de l'après-midi. Les uns optaient pour les échecs, d'autres, plus nombreux, pour le bridge (...), mais la majorité se rendait sur les terrains de sport où allaient se disputer des matches de football, de **basket** et quelquefois de rugby.
> AMBRIÈRE, Les Grandes vacances, 1946, p. 157.
>
> – P. méton. Chaussure employée pour pratiquer ce sport et, p. ext. chaussure de sport lacée, en toile.

Dans un dictionnaire, les mots sont classés selon l'ordre alphabétique. En version papier, les mots-repères imprimés en haut de la page nous aident pour trouver le mot recherché : à gauche se lit le premier mot de la page, à droite le dernier.

En plus du sens et de l'emploi des mots, on trouve généralement les informations suivantes :

- le contexte : quand le mot est employé dans un contexte particulier, il est précédé d'une abréviation → « fam. » : registre familier (*c'est* **rigolo**) ; « pop. » : registre populaire (*vous êtes* **un drôle de** *garçon = un garçon étrange*) ; « vielli » : emploi dépassé de mode ; « péj. » : sens négatif…

- des synonymes (souvent marqués en gras) → **amusant, marrant, rigolo**

- des antonymes (= contraire) → ennuyeux, sérieux, triste
des expressions : *ce n'est pas drôle : c'est désagréable ; se sentir tout drôle : être dans un état inhabituel*

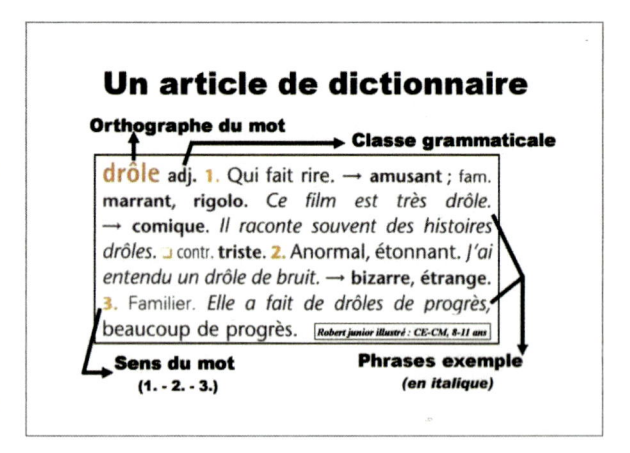

Un article de dictionnaire

Orthographe du mot → **drôle** adj. **1.** Qui fait rire. → amusant ; fam. marrant, rigolo. Ce film est très drôle. → comique. Il raconte souvent des histoires drôles. ⊔ contr. triste. **2.** Anormal, étonnant. J'ai entendu un drôle de bruit. → bizarre, étrange. **3.** Familier. Elle a fait de drôles de progrès, beaucoup de progrès. *Robert junior illustré : CE-CM, 8-11 ans*
← **Classe grammaticale**
Sens du mot (1. - 2. - 3.) — **Phrases exemple** (en italique)

Dans un dictionnaire en ligne, ces informations sont reliées par des liens hypertextuels qui nous permettent d'avoir rapidement accès à l'ensemble des sens du mot dans leur contexte.

Enfin, les dictionnaires bilingues, en version papier ou Internet, sont des outils efficaces pour saisir le sens et les nuances d'un mot, à travers la traduction en contexte :

- Il faut avoir **une drôle de** patience avec les enfants. → Man muss **ganz schön viel** Geduld haben mit Kindern.

- Ça **me fait tout drôle** de partir seule en vacances. → Ich habe ein **ganz komisches** Gefühl dabei, alleine in Urlaub zu fahren.

Atelier

Exercices

1. Utilisez un dictionnaire pour trouver le sens des mots en gras.
   1. Nous avons **fixé** le prix du billet à 5 euros.
   2. Le temple se trouve sur **une hauteur**.
   3. L'automobiliste a dû faire **un crochet** pour éviter le chien.
   4. Recopiez **le plan** de la rédaction.
   5. Tu **changes** beaucoup ces temps-ci.
   6. Je ne te **soufflerai** pas les réponses : tu n'avais qu'à apprendre tes leçons.
   7. Lors de l'audition, la jeune actrice a **brillé**.

2. Précisez le sens des expressions suivantes en remplaçant les verbes passe-partout *dire* et *faire*. Suivez les exemples !

• *Dire la vérité* → *révéler la vérité*
   1. Dire un mensonge
   2. Dire non
   3. Dire la bonne aventure
   4. Dire oui
   5. Dire ses sentiments
   6. Dire merci
   7. Dire bonjour

• *Faire une robe* → *coudre / confectionner une robe*
   1. Faire une maison
   2. Faire de la musique
   3. Faire un problème
   4. Faire un texte
   5. Faire de la natation
   6. Faire un métier

3. Quel est le mot juste ? Soulignez l'expression qui convient.
   1. Ces personnes vivent dans *l'isolement / l'isolation total(e)*.
   2. Son histoire est tout à fait *crédule / crédible*.
   3. *Dorénavant / Néanmoins* tu rentreras tous les jours à 16 h !
   4. Levez *l'ancre / l'encre* !
   5. Il m'a mis *le point / le poing* dans la figure.

Les mots nouveaux 2018

• À l'aide des définitions ci-dessous, retrouvez quelques-uns des mots qui ont fait leur entrée dans le Petit Robert en 2018.

• Que remarquez-vous quant à l'origine de ces mots ?

Horizontal
1. aimer en anglais sur les réseaux sociaux.
2. faire une recherche sur Google.

Vertical
2. muesli croustillant.
3. fan de jeu vidéo en ligne.
4. chaussure de femme à talon aiguille.
5. liste de morceaux de musique.
6. retransmettre un message sur Twitter.

Horizontalement : 1. liker – 2. googliser
Verticalement : 2. granola – 3. gamer – 4. stiletto – 5. playliste – 6. retweeter

2 Se sentir bien

Daniel Pennac, *Journal d'un corps* (2012)

Le narrateur tient le journal de son corps, de 13 à 87 ans, l'âge de sa mort. Pour l'auteur, c'est « la chronique des messages envoyés notre vie durant par notre corps à notre esprit, avec ces longues plages de silence où notre corps nous parle peu, par exemple pendant la force de l'âge. C'est aussi la chronique des apprentissages, des douleurs, des plaisirs et des jouissances. » Cet extrait raconte le moment où le narrateur, jeune garçon à l'époque, décide de tenir le journal de son corps.

Manu Larcenet

13 ans, 1 mois, 4 jours
SAMEDI 14 NOVEMBRE 1936
Papa disait : Tout objet est *d'abord* objet d'intérêt. Donc mon corps est un objet d'intérêt. Je vais écrire le journal de mon corps.

13 ans, 1 mois, 8 jours
MERCREDI 18 NOVEMBRE 1936
Je veux aussi écrire le journal de mon corps parce que tout le monde parle d'autre chose. *Tous les corps sont abandonnés dans les armoires à glace*[1]. Ceux qui écrivent leur journal tout court, Luc ou Françoise, par exemple, parlent de tout et de rien, des émotions, des sentiments, des histoires d'amitié, d'amour, de trahison, des justifications à n'en plus finir, ce qu'ils pensent des autres, ce qu'ils croient que les autres pensent d'eux, les voyages qu'ils ont faits, les livres qu'ils ont lus, mais ils ne parlent jamais de leur corps. Je l'ai bien vu cet été avec Françoise. Elle m'a lu son journal « en grand secret » alors qu'elle le lit à tout le monde, Étienne me l'a dit. Elle écrit sous le coup de l'émotion mais elle ne se rappelle presque jamais *quelle* émotion. Pourquoi as-tu écrit ça ? Je ne sais plus. Du coup, elle n'est plus très sûre du *sens* de ce qu'elle écrit. Moi, dans cinquante ans, je veux que ce que j'écris aujourd'hui dise la même chose. Exactement la même chose ! (Dans cinquante ans, j'aurai soixante-trois ans.)

13 ans, 1 mois, 9 jours
JEUDI 19 NOVEMBRE 1936
En repensant à toutes mes peurs, j'ai établi cette liste de sensations : la peur du vide broie[2] mes couilles, la peur des coups me paralyse, la peur d'avoir peur m'angoisse toute la journée, l'angoisse me donne la colique, l'émotion (même délicieuse) me donne la chair de poule, la nostalgie (penser à papa[3] par exemple) mouille mes yeux, la surprise me fait sursauter (même une porte qui claque !), la panique peut me faire pisser, le plus petit chagrin me fait pleurer, la fureur me suffoque[4], la honte me rétrécit. Mon corps réagit à tout. Mais je ne sais pas toujours *comment* il va réagir.

13 ans, 1 mois, 10 jours
VENDREDI 19 NOVEMBRE 1936
J'ai bien réfléchi. Si je décris exactement tout ce que je ressens, mon journal sera un *ambassadeur* entre mon esprit et mon corps. Il sera le traducteur de mes *sensations*.

13 ans, 1 mois, 12 jours
DIMANCHE 22 NOVEMBRE 1936
Je ne vais pas seulement décrire les sensations fortes, les grandes peurs, les maladies, les accidents, mais absolument tout ce que mon corps ressent. (Ou ce que mon esprit fait ressentir à mon corps.) La caresse du vent sur ma peau, par exemple, le bruit que fait en moi le silence quand je me bouche les oreilles, l'odeur de Violette, la voix de Tijo.

Daniel Pennac, *Journal d'un corps*,
Éditions Gallimard, 2012.

---

1. une armoire à glace : comportant un miroir sur sa ou ses portes.
2. broyer : écraser, briser.
3. Le père du narrateur est mort quand celui-ci était encore un tout jeune enfant.
4. suffoquer : étouffer.

■ **Pour découvrir le texte**
1. Quelle différence y a-t-il, selon le narrateur, entre un journal intime et le journal du corps qu'il veut tenir ?
2. Comment le journal peut-il être le traducteur des sensations du narrateur ?

■ **Production libre**
À votre tour, dressez la liste de vos peurs et des sensations qu'elles éveillent.

Évasion

Delphine de Vigan
Jours sans faim (2001)

Laure a 19 ans, elle est anorexique. Hospitalisée au dernier stade de la maladie, elle comprend peu à peu pourquoi elle en est arrivée là. *Jours sans faim* raconte trois mois d'hôpital, trois mois pour rendre à la vie ce corps vidé, trois mois pour capituler, pour guérir.

Avant-propos

C'était quelque chose en dehors d'elle qu'elle ne savait pas nommer. Une énergie silencieuse qui l'aveuglait et régissait ses journées. Une forme de
5   défonce[1] aussi, de destruction.

Cela s'était fait progressivement. Pour en arriver là. Sans qu'elle s'en rende vraiment compte. Sans qu'elle puisse aller contre. Elle se souvient du
10 regard des gens, de la peur dans leurs yeux. Elle se souvient de ce sentiment de puissance, qui repoussait toujours plus loin les limites du jeûne[2] et de la souffrance. Les genoux qui se cognent,
15 des journées entières sans s'asseoir. En manque, le corps vole au-dessus des trottoirs. Plus tard, les chutes dans la rue, dans le métro, et l'insomnie qui accompagne la faim qu'on ne sait plus
20 reconnaître.

Et puis le froid est entré en elle, inimaginable. Ce froid qui lui disait qu'elle était arrivée au bout et qu'il fallait choisir entre vivre ou mourir.

Chapitre 2 (extrait)

25 Dans le silence de l'après-midi, la porte s'est refermée. Elle s'est allongée. Pour la première fois depuis des semaines, des larmes sortent de son corps de pierre, de ce corps épuisé qui vient de capituler.
30 Elle pleure ce soulagement confus qui la livre tout entière entre leurs mains[3]. Les larmes brûlent les paupières. Un sac d'os sur un lit d'hôpital, voilà ce qu'elle est. Voilà tout. Les yeux sont agrandis
35 et cerclés de noir, sous les pommettes[4] aiguës les joues s'enfoncent, comme aspirées de l'intérieur. Autour des lèvres un duvet[5] brun recouvre la peau. Dans les veines apparentes, le sang bat trop
40 lentement. [...]

Elle grelotte. Malgré le collant de laine et le col roulé. Le froid est à l'intérieur, ce froid qui l'empêche de rester immobile. Une emprise[6] qui ressemble à la mort,
45 elle le sait, la mort en elle comme un bloc de glace.

Le néon ronronne mais elle n'entend que sa propre respiration. Sa tête résonne de ce souffle régulier, amplifié, obsédant.
50 Parce qu'elle est devenue presque sourde, bouffée de l'intérieur à force de ne rien bouffer.

Dehors la nuit tombe et on apporte déjà le premier plateau-repas. Sous
55 le couvercle d'aluminium, un steak haché trop cuit voisine avec quelques haricots plus très verts, faites un effort même si c'est difficile. Elle mâche consciencieusement. Elle pourrait
60 mâcher pendant des heures, s'il ne s'agissait que de ça, remplir la bouche de salive, ballotter les aliments d'un côté, de l'autre, broyer[7] sans fin cette bouillie dont le goût s'estompe peu à peu. Le
65 problème, c'est de déglutir[8]. Déjà une boule s'est coincée dans son ventre qui fait mal. Le temps est immobile. Il faudra réapprendre à manger, à vivre aussi. L'aide-soignante est revenue,
70 elle soulève le couvercle reposé sur l'assiette, c'est bien pour le premier jour, vous allez réussir à dormir ?

Le sommeil l'emporte en bloc pour une fois. Entre les draps tendus et lisses, il
75 suffit de fermer les yeux.

Delphine de Vigan, *Jours sans faim*, Grasset, 2001.

---

1. une défonce : état dans lequel se trouve un drogué.
2. un jeûne : abstention d'alimentation.

3. Lou a enfin accepté d'être hospitalisée et elle remet sa guérison entre les mains des médecins.
4. une pommette : partie haute de la joue.
5. un duvet : poils très fins qui recouvrent certaines parties du corps.

6. une emprise : une dépendance.
7. broyer : écraser.
8. déglutir : avaler.

■ Pour découvrir le texte
1. Décrivez les sentiments que ressent Laure quand on lui apporte le plateau-repas.
2. Comment comprenez-vous le titre du roman ?

■ Production libre
Imaginez que Laure est votre amie d'enfance. Écrivez-lui une lettre ou un mail pour lui expliquer que ce « sentiment de puissance » (l. 11-12) qu'elle ressent n'est qu'une illusion.

2 Se sentir bien

Émile Verhaeren, « Oh ! ce bonheur » (1922)

Émile Verhaeren est considéré en Belgique comme le « poète national ». Né en 1855 dans la province flamande d'Anvers, Émile Verhaeren s'exprime en français, comme il est coutume dans les milieux sociaux aisés. Son œuvre, d'inspiration lyrique, se caractérise d'un côté par la mélancolie et des idées souvent noires et de l'autre par un véritable engagement pour l'art de son époque. Le recueil *Les Heures claires*, dont est tiré ce poème, crée la surprise lors de sa parution en 1896, par son sujet principal : l'amour qu'il voue à son épouse et leur bonheur conjugal.

Oh ! ce bonheur
Si rare et si frêle[1] parfois
Qu'il nous fait peur

Nous avons beau taire nos voix
5 Et nous faire comme une tente,
Avec toute ta chevelure,
Pour nous créer un abri sûr,
Souvent l'angoisse en nos âmes fermente[2].

Mais notre amour étant comme un ange à genoux
10 Prie et supplie
Que l'avenir donne à d'autres que nous
Même tendresse et même vie,
Pour que leur sort, de notre sort, ne soit jaloux.

Et puis, aux jours mauvais, quand les grands soirs
15 Illimitent, jusques au ciel, le désespoir,
Nous demandons pardon à la nuit qui s'enflamme
De la douceur de notre âme.

Émile Verhaeren, *Les Heures claires*, Mercure de France, 1922.

---
1. frêle : fragile.
2. fermenter : *ici* se développer de façon cachée.

Pour découvrir le texte
1. Reformulez, par vos propres mots, le sujet principal du poème. Puis, expliquez le titre.
2. Quel est cet « abri sûr » que le poète évoque dans la 2e strophe ?
3. Expliquez la comparaison que le poète établit au vers 9.
4. Quel sentiment le poète ressent-il dans la dernière strophe ? Pourquoi ?

Enrichissement lexical
1. Quels mots s'opposent à la fin du poème dans l'expression « la nuit qui s'enflamme de la douceur de notre âme » (v. 16-17). Quel effet est produit par cette association ?

À vous !
Lisez le poème à haute voix. Par l'intonation, essayez de souligner le sens du poème.

Jean Giono, *La chasse au bonheur* (1988)

Évasion

Tout le monde chasse au bonheur.

On peut être heureux partout.

Il y a seulement des endroits où il semble qu'on peut l'être plus facilement qu'à d'autres. Cette facilité n'est qu'illusoire[1] : ces endroits soi-disant privilégiés sont généralement beaux, et il est de fait que le bonheur a besoin de beauté, mais il est souvent le produit d'éléments simples. Celui qui n'est pas capable de faire son bonheur avec la simplicité ne réussira que rarement à le faire. […]

On entend souvent dire : « Si j'avais ceci, si j'avais cela, je serai heureux », et l'on prend l'habitude de croire que le bonheur réside dans le futur et ne vit qu'en conditions exceptionnelles. Le bonheur habite le présent, et le plus quotidien des présents. Il faut dire : « J'ai ceci, j'ai cela, je suis heureux. » Et même dire : « Malgré ceci et malgré cela, je suis heureux. » […]

La vie moderne passe pour être peu propice[2] au bonheur. Toutes les vies, qu'elles soient anciennes ou modernes, sont également propices au bonheur. Il n'est pas plus difficile de faire son bonheur aujourd'hui qu'il ne l'était sous Henri II, Jules César ou Virgile. La civilisation a même parfois ajouté à la liste des éléments du bonheur. […]

Il n'est pas de condition humaine, pour humble[3] ou misérable qu'elle soit, qui n'ait quotidiennement la proposition du bonheur : pour l'atteindre, rien n'est nécessaire que soi-même. Ni la Rolls, ni le compte en banque, ni Megève, ni Saint-Tropez ne sont nécessaires. Au lieu de perdre son temps à gagner de l'argent ou telle situation d'où l'on s'imagine qu'on peut atteindre plus aisément les pommes d'or du jardin des Hespérides[4], il suffit de rester de plain-pied[5] avec les grandes valeurs morales. Il y a un compagnon avec lequel on est tout le temps, c'est soi-même : il faut s'arranger pour que ce soit un compagnon aimable. Qui se méprise ne sera jamais heureux et, cependant, le mépris lui-même est un élément de bonheur : mépris de ce qui est laid, de ce qui est bas, de ce qui est facile, de ce qui est commun, dont on peut sortir quand on veut à l'aide des sens.

Dès que les sens sont suffisamment aiguisés[6], ils trouvent partout ce qu'il faut pour découper les minces lamelles destinées au microscope du bonheur. Tout est de grande valeur : une foule, un visage, des visages, une démarche, un port de tête, des mains, une main, la solitude, un arbre, des arbres, une lumière, la nuit, des escaliers, des corridors, des bruits de pas, des rues désertes, des fleurs, un fleuve, des plaines, l'eau, le ciel, la terre, le feu, la mer, le battement d'un cœur, la pluie, le vent, le soleil, le chant du monde, le froid, le chaud, boire, manger, dormir, aimer. […] Car le bonheur ne rend pas mou et soumis, comme le croient les impuissants. Il est, au contraire, le constructeur de fortes charpentes[7], des bonnes révolutions, des progrès de l'âme.

Jean Giono, *La chasse au bonheur*, Éditions Gallimard, 1991.

---

1. illusoire : imaginaire.
2. propice à : convenir parfaitement.
3. humble : modeste, pauvre.
4. Dans la mythologie grecque, un des travaux d'Hercule consistait à aller voler des pommes d'or dans le jardin des Hespérides. Ici l'expression signifie une action pénible, qui demande beaucoup de volonté.
5. de plain-pied : directement.
6. aiguisé : stimulé.
7. une charpente : un châssis.

Pour découvrir le texte

1. Expliquez le titre de l'extrait.
2. Illustrez les propositions suivantes de l'auteur par des exemples inspirés de votre propre expérience ou entourage.
   a. « On peut être heureux partout. » (l. 2)
   b. « Le bonheur habite le présent, et le plus quotidien des présents. » (l. 13)
   c. « Toutes les vies, qu'elles soient anciennes ou moderne, sont également propices au bonheur. » (l. 17)
   d. « Ni la Rolls, ni le compte en banque, ni Megève, ni Saint-Tropez ne sont nécessaires. » (l. 25-26)
   e. « Il y a un compagnon avec lequel on est tout le temps, c'est soi-même […]. » (l. 30-31)

Parlons-en !

Discutez ensemble pour savoir si, dans votre recherche du bonheur, vous êtes plutôt un partisan :

- de l'épicurisme, qui se contente de peu et veut profiter des plaisirs simples de la vie ;
- ou du bling-bling, qui aime afficher des signes de richesse et de luxe.

2 Se sentir bien — Libre cours

● Pour découvrir le roman
Lisez le résumé ci-dessous, proposé en quatrième de couverture du roman.
Formulez des hypothèses sur le sujet du film.

> Une autre lettre de Loïc. Elles sont rares. Quelques phrases griffonnées sur un papier. Il va bien. Il n'a pas pardonné. Il ne rentrera pas. Il l'aime. Rien d'autre. Rien sur son départ précipité. Deux ans déjà qu'il est parti. Peu après que Claire a obtenu son bac. À son retour de vacances, il n'était plus là. Son frère avait disparu, sans raison. Sans un mot d'explication. Claire croit du bout des lèvres à une dispute entre Loïc et son père. Demain, elle quittera son poste de caissière au supermarché et se rendra à Portbail. C'est de là-bas que la lettre a été postée. Claire dispose d'une semaine de congé pour retrouver Loïc. Lui parler. Comprendre.

● Pour découvrir le film
Relevez les deux éléments qui composent l'affiche du film. Mettez-les en lien avec le titre.

(Affiche : JE VAIS BIEN, NE T'EN FAIS PAS. — Un film de Philippe Lioret. Mélanie Laurent, Kad Merad, Julien Boisselier, Isabelle Renauld, Aïssa Maïga.)

● Du livre au film

Un extrait du roman

Claire pousse la porte. Personne n'a osé toucher à quoi que ce soit. Il y a des livres partout. Sur la table de nuit, une petite pile, avec au-dessus un volume ouvert, retourné. Loïc est parti il y a deux ans. Il avait dix-huit ans, Claire en avait vingt. Mais Loïc a toujours été le grand frère. Il a même eu son bac avant elle. Il avait un an d'avance, Claire a redoublé deux fois : la quatrième et la seconde.

Sur la chaîne, une pile de disques. Les derniers qu'avait achetés Loïc : Miossec, Dominique A., Murat, Bashung et Björk, que Claire n'aimait pas trop. Les murs sont couverts de photos. On voit Belmondo avec Jean Seberg, Boris Vian, Patrick Modiano, Jacques Brel et Leonard Cohen. Son lit, un matelas à même le sol, avec des coussins coincés contre le mur. Sur le bureau en pin clair, des feuilles éparpillées, des notes. On peut les lire, mais on n'y trouvera rien qui explique la fuite. Ou en tout cas pas plus que ce que Loïc disait toujours à Claire, qu'il fallait partir, s'enfuir, quitter la France, qui sentait le renfermé, où on était à l'étroit […].

Olivier Adam, *Je vais bien ne t'en fais pas*, Le Dilettante, « Pocket », 1999.

Une scène du film

Dans le film, un ami donne à Lili l'enregistrement d'une chanson que Loïc a écrite pour elle. La mélodie est le thème du film qu'on entend, avec Lili, en particulier quand elle pense à son frère.

> Lili, take another walk out of your fake world
> Please put all the drugs out of your hand
> You'll see that you can breath without no back up
> So much stuff you got to understand
> For every step in any walk
> Any town of any thought
> I'll be your guide

● À vous !
Lisez les paroles ci-dessus et écoutez la chanson sur Internet :
Aaron, « U-turn (Lili) ».
Selon vous, quels sentiments cette chanson provoque-t-elle chez Lili ?

Leçon 3 Respire

Au cours de cette leçon, nous allons :

découvrir différents exemples d'**engagements pour notre planète**

échanger sur **l'état de la planète** et son futur

apprendre à **écrire un résumé**

3 Respire

Des idées aux mots !

1• Notez sur un brouillon les idées et les mots que vous associez au sujet du développement durable.

2• Par deux ou par quatre, mettez en commun vos brouillons.

3• Comparez vos idées et faites une sélection des expressions et des mots les plus pertinents.

4• Notez-les sur le bloc-notes ci-contre.

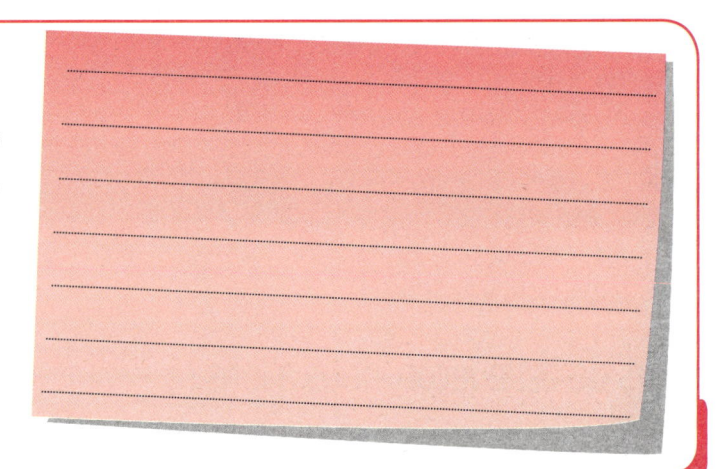

Vu d'ici

LUXEMBOURG : LE VÉLO, C'EST BON POUR LE BOULOT !

Le challenge s'est étalé sur deux mois. Plus de 3 000 employés ont participé au MVOS 2017. Quoi de plus beau, pour un anniversaire, que de célébrer un nouveau record ? Le challenge d'entreprise « mam Vëlo op d'Schaff » (Avec mon vélo au travail, MVOS) s'est clôturé lundi. Le résultat, après deux mois de concours ? « Le nombre de participants a augmenté de presque 40 % » constate Petra Svoboda, chargée de communication au Verkéiersverbond avant d'ajouter : « Il y avait 1913 participants en 2016, contre 3145 cette année. » Sachant que de l'édition 2015 à celle de 2016 la participation avait déjà doublé ! « Avec dix ans de challenge, nous sommes bien visibles dans le paysage des entreprises. » […]

Cette participation permet un nouveau record au niveau des émissions de CO_2 épargnées à la planète : 238 tonnes ! Contre 112 tonnes l'année précédente… Il reste tout de même du chemin : l'Europe émet environ 1,3 milliard de tonnes de CO_2 par an en matière de transport.

Pour rappel, le challenge consiste à inscrire chaque jour sur un site en ligne ses kilomètres faits à vélo, dans le cadre du boulot. Chaque membre d'une même entreprise fait partie d'une équipe et fait « monter » le compteur de kilomètres de son équipe et, donc, de l'ensemble de la communauté MVOS. « L'aspect collectif motive les employés, explique Petra Svoboda. On ne veut pas abandonner les collègues. » Mais ça ne suffit pas à expliquer le succès du challenge. « Chacun y va à son rythme, nous ne sommes pas stricts sur l'emploi du vélo : c'est la multimobilité qui compte. Tant mieux si certains utilisent le train puis le vélo. » […]

Hubert Gamelon, www.lequotidien.lu, 02/08/2017.

Interactions

Ça fait l'actu !

OCEAN CLEANUP – LA START UP QUI VEUT DÉPOLLUER LES OCÉANS

Depuis sa conférence TED[1] en 2012, et la présentation de son action Ocean CleanUp, le Hollandais Boyan Slat continue de faire parler de lui. Ce jeune étudiant en ingénierie[2] qui ambitionne de nettoyer l'océan Pacifique de ses déchets et détritus, notamment le plastique, a annoncé un démarrage anticipé de son projet grâce à une innovation. Initialement prévu en 2020, il débuterait d'ici quelques mois.

Au départ de ce projet, l'étudiant hollandais avait imaginé ce système : déployer un immense filet long de 100 km, et le fixer au fond de l'océan afin de récolter les déchets plastiques présents en masse dans nos océans.

L'accumulation de ces déchets a notamment créé des continents artificiels, ayant un impact néfaste[3] sur notre écologie et notre biodiversité. En raison des courants, les déchets en plastique s'accumulent dans cinq zones de l'océan mondial, les gyres océaniques[4], dont le plus grand mesure six fois la France. Il se trouve dans le Pacifique entre Hawaï et la côte californienne. Cette énorme « soupe » d'ordures a été découverte en 2003.

Ces « continents de plastique » sont un fléau[5] pour les espèces marines et, à terme, pour l'Homme.

Dauphins et phoques s'y empêtrent[6], s'étranglent et se noient tandis que les tortues ingèrent[7] les sacs car elles les prennent pour des méduses. Décomposées en petites particules néfastes pour la santé, ces matières entrent ensuite dans la chaîne alimentaire.

Boyan Slat entend se servir des courants marins pour collecter les cinq milliards de déchets en plastique provenant de bouteilles ou de sacs qui flottent dans les océans.

Cinq années de recherche ont démontré qu'un système libre serait beaucoup plus efficace : le plastique dérive en fonction des courants océaniques, le système de nettoyage doit faire de même. […]

Le premier grand filet devait mesurer 60 miles (soit environ 100 km). Les équipes d'Ocean Cleanup parlent désormais d'une cinquantaine de filets, d'une longueur d'environ 0,6 miles (entre 1 et 2 km). Il serait plus avantageux d'utiliser une multitude de petits systèmes. Le projet augmenterait ainsi en efficacité. […]

Ce nouveau système a été testé avec succès en mer du Nord en juin dernier. Boyan Slat espère nettoyer 50 % de la grande plaque de déchets du Pacifique d'ici cinq ans, contre les 42 % en dix ans prévus initialement.

www.enviro2b.com, 23/10/2017.

---

1. Les conférences TED (Technology, Entertainment and Design) se donnent comme mission de diffuser des idées novatrices, dans les domaines notamment de la technologie et de la culture, pour faire évoluer la société.
2. Les études en ingénierie mènent au métier d'ingénieur.
3. néfaste : désastreux, fatal.
4. les gyres océaniques : gigantesques tourbillons d'eau dans les océans.
5. un fléau : un désastre, une catastrophe.
6. s'empêtrer : *ici* être pris au piège.
7. ingérer : avaler.

Lecture du dossier

La classe se partage les 2 documents qui présentent chacun un exemple d'engagement pour notre planète. Par groupe, dégagez les idées principales, puis réalisez les tâches proposées. Partagez vos réponses avec vos camarades.

1. Luxembourg : le vélo, c'est bon pour le boulot !
– Expliquez le challenge « Mam Vëlo op d'Schaff ».
– Quel est, selon vous, l'objectif à long terme de tels projets ?

2. Ocean CleanUp
– Pourquoi un projet comme « Ocean CleanUp » s'impose-t-il de toute urgence ?
– Expliquez comment et pourquoi le projet a évolué.

DÉVELOPPEMENT DURABLE : ET SI L'AVENIR PASSAIT PAR LES « LOW-TECH » ?

Basée à Concarneau, en Bretagne, l'association *Gold of Bengal*[1] [a fait des low-tech] son cheval de bataille. Dans un camion transformé en laboratoire ambulant à travers l'Hexagone, ou dans le reste du monde à bord de leur navire, le « Nomade des Mers », ses membres n'ont qu'une obsession : rendre accessibles au plus grand nombre des technologies peu coûteuses, simples d'utilisation et durables.

Nourriture, eau, électricité… Des denrées[2] largement disponibles dans les pays développés mais encore trop peu accessibles dans de nombreuses régions du monde. Forte de ce constat, l'association *Gold of Bengal* s'est mise en tête de permettre à un maximum de gens de développer les technologies qui leur permettent d'accéder à ces besoins de première nécessité.

Son secret pour y parvenir : les low-tech. « Des solutions simples, peu coûteuses, et que chacun est à peu près en mesure de réparer avec des ressources au plus proches des utilisateurs », explique Clément Chabot, responsable des projets d'innovation de l'association. Et ce, alors qu'aujourd'hui, au contraire, beaucoup de technologies se complexifient et nécessitent des matériaux polluants, rares, ou produits à l'autre bout du monde. « Il y a un peu une course à la technologie et à la complexité partout, alors qu'il y a des solutions très simples qui marchent déjà très bien. »

Par exemple la désalinisation[3] solaire. En faisant s'évaporer de l'eau de mer grâce au soleil, on récupère de l'eau potable. Mais aussi les « frigos du désert », qui fonctionnent sans électricité, là encore grâce à un système d'évaporation utilisé par certains maraîchers dans des pays chauds. […] La liste est longue et l'association compte bien l'étendre en cherchant à travers le monde un maximum de low-tech. C'est le projet [du] « Nomade des Mers », un voilier qui parcourt le monde depuis février 2016. Son capitaine, Corentin de Chatelperron, n'en est pas à sa première aventure. […] « En Inde ou au Bangladesh, des gens inventent des trucs vraiment géniaux alors qu'ils sont sous contrainte », raconte-t-il. En clair, le fait d'être confronté à une problématique comme la sécheresse ou la malnutrition pousse à inventer des moyens de s'y adapter. […]

Corentin de Chatelperron part d'un constat : « 90 % des ingénieurs et designers travaillent pour 10 % de la population », notamment dans les secteurs de l'automobile et dans les hautes technologies. Son objectif : rééquilibrer la balance en valorisant les innovations dans les technologies qui répondent aux besoins de base, à savoir eau, nourriture et énergie. « En général, ces inventions restent à l'échelle très locale alors qu'elles pourraient être utilisées par des milliers voire des millions d'autres personnes », explique-t-il. Le rôle du « Nomade des Mers » est d'aller à la rencontre de ces inventeurs afin d'apprendre leurs techniques qui sont ensuite testées en condition. […]

---

1. L'association *Gold of Bengal* met en place des projets innovants au service du développement durable.
2. des denrées : produits de première nécessité.
3. la désalinisation : réduction de la teneur en sel, notamment de l'eau de mer.

Une fois ces technologies découvertes, testées et améliorées si besoin, l'équipe réalise des tutoriels en vidéo. Toute la documentation est ensuite mise en ligne sur la plateforme dédiée, le Low-Tech Lab, afin de reproduire ces technologies chez soi. « C'est une plateforme Wiki[4], donc ce n'est pas quelque chose de figé. C'est de la connaissance vivante », explique Clément Chabot. « On diffuse les expériences des uns et des autres, les bonnes pratiques, les success-stories », résume Amandine Garnier, chargée de coordination et développement dans l'association. « Et de temps en temps, il y en a qui lèvent la tête et qui disent : "ça nous intéresse parce que ça correspond à un besoin et à une problématique dans notre zone". » Reste ensuite à alimenter cette plateforme 100 % collaborative. L'équipe cherche pour cela à former des communautés à travers le monde. […]

Clément Robin, www.rfi.fr, 10/11/2017.

---

4. Une plateforme Wiki est un site web collaboratif, au développement duquel les internautes peuvent participer par l'ajout de contenus ou de liens vers d'autres sites.

Interactions

▶ Enrichissement lexical

Expliquez dans le contexte de l'article les expressions suivantes :
1. « son cheval de bataille » (l. 2)
2. « laboratoire ambulant » (l. 3)
3. « rééquilibrer la balance » (l. 44)

▶ Compréhension de texte

À l'aide des éléments du texte, répondez de manière concise aux questions suivantes.
Veillez à utiliser vos propres mots.

1. Donnez une brève définition des « low-tech ».
2. Comment Corentin de Chatelperron compte-t-il atteindre son objectif ?

▶ Développement personnel

« En clair, le fait d'être confronté à une problématique comme la sécheresse ou la malnutrition pousse à inventer des moyens de s'y adapter. » (l. 38-40)

Pensez-vous également que la nécessité rende inventif ? Organisez vos idées et soignez l'expression.

Le petit +

L'accord de Paris, entré en vigueur en 2016 et ratifié par 169 des 197 pays de l'ONU, est le premier accord universel sur le climat. Il a comme but de fixer un cadre commun pour la lutte contre le réchauffement climatique sans pour autant nuire à l'économie d'un pays. Chaque année, des représentants de ces pays se réunissent pour essayer de trouver des solutions communes, à l'occasion de la conférence mondiale sur le climat, la COP (Conférence des parties).

3 Respire

Pour alerter l'opinion publique sur le désastre de la pollution du Pacifique Nord, la photographe Caroline Power a organisé une expédition dans l'archipel des Caraïbes. « Partout [...] où nos yeux se portent, il y a des sacs en plastique de tailles différentes [...], des paquets de chips, des sacs de congélation, des sacs de course, des sacs poubelle, d'autres sachets et différentes sortes d'emballages... » témoigne la photographe qui a publié ses clichés sur les réseaux sociaux.

D'après Samuel Paulet, www.focusur.fr.

La pollution

produire des déchets	
rejeter des substances toxiques dans la nature	
déverser des produits chimiques dans les rivières	
décharger les eaux usagées dans les mers	
contaminer l'eau	
polluer l'air, l'environnement, l'eau	
s'alarmer du taux de pollution élevé	
nuire à l'environnement	

1 Complétez le texte lacunaire avec les expressions et mots proposés. Faites les modifications nécessaires.

> contaminé – usine – décharger – pollué – usagé – élevé – écologiste – pollution

Liu Yuzhi vit à Huangmengying, un hameau rural situé sur un bras de la rivière Huai, l'un des cours d'eau les plus _____ de Chine. C'est l'un des 459 villages à cancer que compte le pays. Huo Daishan, un militant _____ affirme : « Cette rue est surnommée l'allée des cancers, car chaque maisonnée compte au moins une victime », poursuit-il en arpentant une ruelle au cœur du village.

Les victimes de Huangmengying sont tombées malades à cause de la _____ de la rivière Huai. « L'eau qu'ils boivent provient de puits alimentés par ce cours d'eau, détaille Huo Daishan. Ils mangent également les poissons pêchés dans cette rivière et les légumes cultivés dans la terre arrosée avec ses eaux. » [...]

En Chine, près de 60 % des nappes phréatiques, 30 % des rivières et 19 % des terres arables sont si polluées qu'elles sont considérées dangereuses pour l'humain. Résultat, un Chinois sur sept – soit 190 millions de personnes – boit de l'eau _____. Celle-ci contient de l'ammoniac, du chrome, du nitrate, du phosphore, du fluorure ou de l'arsenic. Les sols sont imprégnés de cadmium, de plomb, de mercure et d'hexachlorobenzène.

Le fleuve jaune, le Yangtzé, la rivière des Perles et la rivière Huai comptent également parmi les cours d'eau les plus pollués. Ils sont bordés d'une multitude d'_____ de papier, de cuir, de pesticides et de peinture. « Celles-ci _____ souvent leurs eaux _____ directement dans les rivières », note Huo Daishan. Il dit qu'il a vu l'eau de la rivière Huai prendre une teinte rouge sang ou noire et se couvrir de mousse nauséabonde à plusieurs reprises. Il y a quelques années, durant un épisode particulièrement toxique, six paysans sont morts en voulant y prélever de l'eau pour arroser leurs cultures.

Une étude effectuée par le Centre de contrôle des maladies chinois sur les berges de la rivière Huai a confirmé que le taux de cancers y est 50 % plus _____ que dans le reste du pays.

D'après Julie Zaugg et Clément Bürge, « L'enfer des villages du cancer chinois », www.letemps.ch, 21/08/2017.

La protection de l'environnement

préserver, respecter l'environnement	
protéger les espèces	
un(e) militant(e) écologiste	
lutter contre la dégradation, la détérioration de l'environnement	
lutter contre la déforestation, la destruction massive des forêts	

Parlons-en !

« **Nous n'héritons pas la terre de nos ancêtres, nous l'empruntons à nos enfants.** »

Proverbe africain cité dans *Terre des Hommes* d'Antoine de Saint-Exupéry (1939).

1. Expliquez ce proverbe.
2. Discutez de l'état actuel de notre planète.
Le trouvez-vous alarmant ?

3 Respire

Les ressources naturelles

exploiter les ressources naturelles	
l'épuisement des ressources naturelles	
préserver les ressources naturelles	

Les énergies

les énergies fossiles (le charbon, le pétrole, le gaz…)	
réduire la consommation des énergies fossiles	
la consommation énergétique	
les énergies alternatives	
investir dans les énergies renouvelables	
utiliser des sources d'énergie inépuisables	
l'énergie solaire	
les barrages hydrauliques	
l'énergie éolienne	
la géothermie	
l'hydroélectricité	

2 Complétez le texte lacunaire avec les expressions et mots proposés. Faites les modifications nécessaires.

> renouvelable – déchet – barrage – consommation – fossile – ressource – raréfier – épuiser

Les énergies _____ sont des énergies qui peuvent être renouvelées ou régénérées naturellement. Le soleil, le vent, l'air et l'énergie thermique du sol sont des énergies naturelles et disponibles à souhait. De même, l'énergie des marées et l'énergie obtenue par les _____ hydrauliques sont des énergies renouvelables par les cycles naturels. Elles ne produisent pas de _____ ni de pollution.

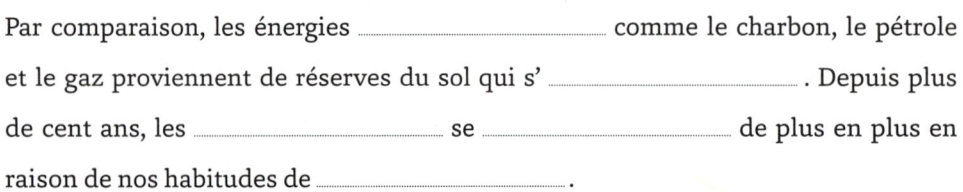

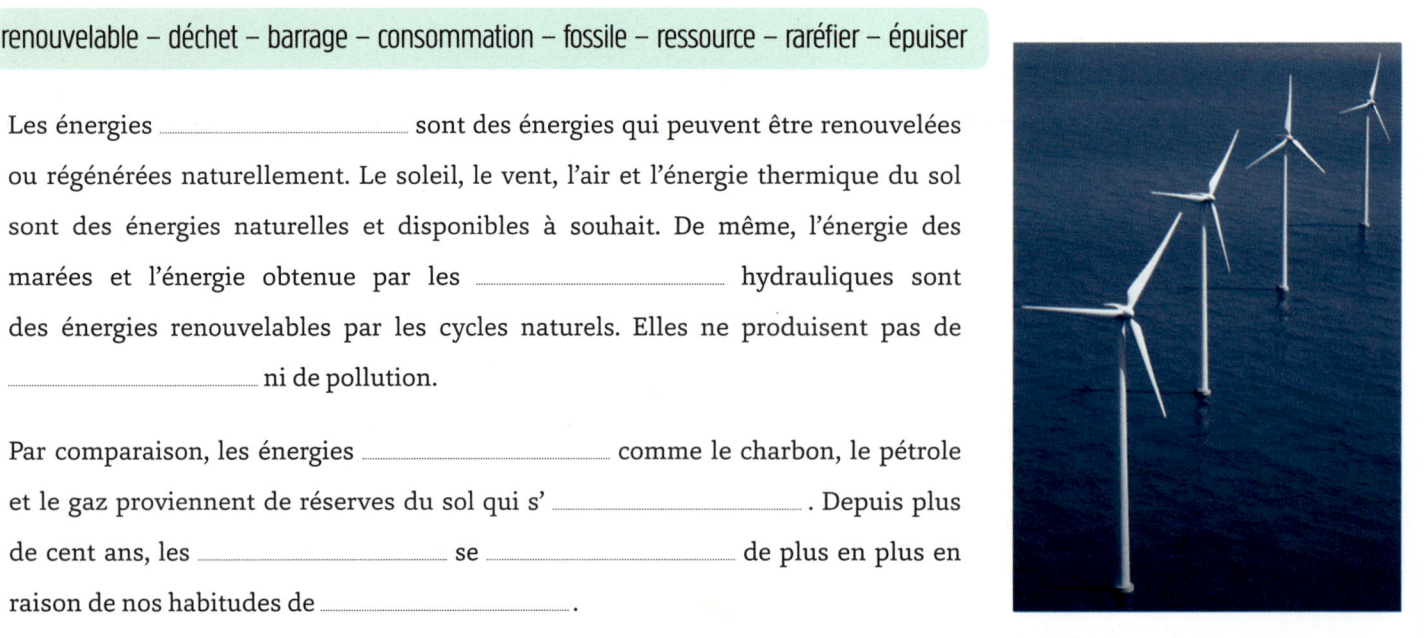

Par comparaison, les énergies _____ comme le charbon, le pétrole et le gaz proviennent de réserves du sol qui s'_____. Depuis plus de cent ans, les _____ se _____ de plus en plus en raison de nos habitudes de _____.

Ressources

Le petit +

Les ours blancs vivent uniquement sur la banquise autour du pôle Nord. En raison du réchauffement climatique et de la fonte de la banquise, les populations d'ours blancs sont menacées. Leur périmètre de chasse étant restreint, beaucoup d'ours se noient ou meurent de faim.

La photographe norvégienne Kerstin Langenberger a publié sur son compte Facebook cette photo d'une femelle dangereusement maigre.

👁 Lecture de l'image

À l'aide de la méthodologie présentée dans la leçon 1, commentez le dessin de presse.

RÉCHAUFFEMENT CLIMATIQUE

« Ce n'est pas toi qui rêvais de visiter un jour la Côte d'Azur ? »

Le réchauffement climatique

lutter contre le réchauffement climatique	
limiter les émissions de dioxyde de carbone (CO_2)	
réduire son empreinte carbone	
la fonte des glaciers	
la hausse du niveau des mers	
les changements climatiques	
des phénomènes météorologiques extrêmes (tempêtes, pluies torrentielles)	
la hausse/baisse des précipitations	
les inondations	
l'intensité des sécheresses	

Parlons-en !

Quelles sont les sources principales d'émissions de dioxyde de carbone ?
Lancez une recherche sur Internet et prenez des notes.
Réfléchissez à votre propre empreinte carbone.
Comment pourriez-vous la réduire ?
Faites une mise en commun en classe.

3 Respire

Être écoresponsable	
réduire les quantités de déchets	
recycler, trier ses déchets	
économiser l'eau, l'énergie	
limiter les émissions de gaz à effet de serre	
diminuer sa consommation d'essence	
favoriser la mobilité douce	
utiliser les transports en commun	
acheter des produits bio	
manger des fruits et légumes locaux, de saison	

STOP TALKING START PLANTING — Plant for the Planet

Felix Finkbeiner s'est lancé un défi fou : reboiser la planète pour diminuer la pollution. À 9 ans, en préparant un exposé sur le changement climatique, il a compris qu'il fallait augmenter le nombre d'arbres pour réduire les émissions de CO_2 qui peuvent l'absorber. Le 28 mars 2007, il a planté son premier arbre dans son école. Puis, il a invité ses copains et les enfants du monde entier à faire pareil. Avec le soutien de l'ONU, le jeune Allemand a lancé la « Billion tree campaign » avec comme objectif de planter un milliard de jeunes pousses dans le monde.
Un compteur sur le site de la fondation affiche le nombre d'arbres déjà en terre. Il a dépassé le cap des 14,2 milliards.

D'après Hilaire Picault, « Pour sauver la planète, il plante des arbres... par millions ! », www.canal.fr, 31/03/2017.

Ressources

Parlons-en !

Parmi les dix gestes proposés, lesquels pouvez-vous facilement adopter au quotidien ?
À quels autres gestes pensez-vous encore ?

NOS ENFANTS CHANTENT POUR LA PLANETE

10 GESTES POUR SAUVER LA PLANETE

1 Le Réfrigérateur : un énergivore !

Sais-tu qu'un réfrigérateur mal dégivré, **consomme 30 % d'énergie en plus ! Rappelle-le à tes parents !** Ils économiseront aussi sur leur facture !

Aussi, pense bien à ce que tu veux avant d'ouvrir cet énergivore ! Après chaque ouverture, il lui faut **15 minutes** pour retrouver sa température initiale !

2 Vive les ampoules "basse conso" !

Elles consomment jusqu'à 5 fois moins d'énergie et durent jusqu'à 8 fois plus longtemps que les ampoules classiques…

Compte combien il y en a chez toi ! Tes parents ont-ils pensé à remplacer leurs ampoules traditionnelles par des ampoules à économie d'énergie ?

3 Eteins la lumière !

N'oublie pas d'éteindre la lumière en sortant de ta chambre…et des autres pièces ! **Profites-en aussi pour ouvrir tes rideaux au lieu d'allumer la lumière.** La lumière naturelle est gratuite et plus saine !

4 Economise l'eau !

Ferme le robinet pendant que tu te savonnes les mains ou que tu te brosses les dents ! Tu peux économiser jusqu'à 10 000 litres d'eau par an ! **Pense aussi à prendre une douche rapide plutôt qu'un bain !**

5 Trie tes déchets !

Demande à tes parents de bien séparer les déchets pour permettre le recyclage : d'une part le verre, d'autre part les plastiques, cartons et emballages en métal puis tout le reste dans une autre poubelle.

Grâce à ce tri, qu'on appelle le tri sélectif, tu faciliteras le recyclage et participeras à la préservation de notre planète !

6 Le confort : OUI ! Trop de chauffage : Non !

Essaie d'avoir une température de **19°C** dans ta chambre et **pas un degré de plus**, ainsi toute la famille pourra **économiser 7 % d'énergie !** Rappelle-le à tes parents, ils économiseront aussi sur leur facture !

En hiver, pense à une bonne grosse couette.

7 Halte au gaspillage du papier !

Pense à utiliser tes feuilles de papier des deux côtés quand tu écris ou dessines… et n'utilise l'imprimante de tes parents que si c'est vraiment nécessaire ! Et pour être encore plus écolo, demande à tes parents d'acheter des cahiers en papier recyclé !

8 Ils consomment… même en dormant !

La télévision, l'ordinateur, la box Internet… Tous ces appareils **consomment énormément d'électricité même en veille !** Demande à tes parents de les éteindre quand vous ne les utilisez pas, et de ne pas laisser leurs chargeurs de téléphone portable dans la prise. Ils consomment de l'électricité même lorsqu'ils ne servent pas à charger le téléphone.

9 Pense aux transports en commun

Les voitures polluent beaucoup plus que les transports en commun ! En plus, dans les transports on peut lire, se reposer et… gagner du temps ! En effet, les bus, les trams et les métros circulent fréquemment sur des voies qui leur sont réservées.

10 Défi à la Maison

Applique tous ces conseils et sensibilise toute ta famille ! Tu pourras demander à tes parents de vérifier si leur facture a baissé, ils te remercieront de les avoir aidés à faire des économies !

Une idée originale de **direct energie**

En partenariat avec **Planète Urgence** **Greenquizz**

3 Respire

En résumé...

Pour parler d'un film ou d'un roman, pour discuter de l'actualité ou d'un projet, nous résumons au quotidien les idées les plus importantes pour les échanger avec les autres. Voici quelques exemples !

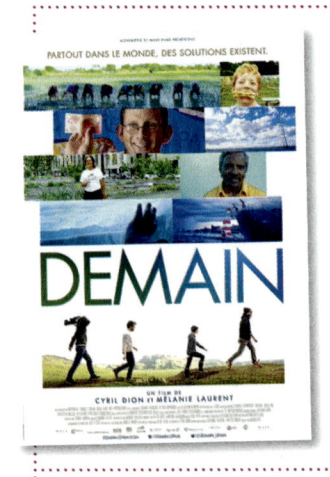

Synopsis d'un film

Et si montrer des solutions, raconter une histoire qui fait du bien, était la meilleure façon de résoudre les crises écologiques, économiques et sociales, que traversent nos pays ? Suite à la publication d'une étude qui annonce la possible disparition d'une partie de l'humanité d'ici 2100, Cyril Dion et Mélanie Laurent sont partis avec une équipe de quatre personnes enquêter dans dix pays pour comprendre ce qui pourrait provoquer cette catastrophe et surtout comment l'éviter. [...] En mettant bout à bout ces initiatives positives et concrètes qui fonctionnent déjà, ils commencent à voir émerger ce que pourrait être le monde de demain...

www.allocine.fr

Mobilité douce : Des pistes cyclables pour les gares des « 3 frontières »

Brève d'un journal

La première branche de 5 km d'un vaste projet de mobilité douce entre la Belgique, la France et le Luxembourg a été aménagée. Elle relie Saulnes et la gare de Longwy en France.

www.wort.lu, 29/11/2017.

Quatrième de couverture d'un roman

Il me sembla apercevoir dans le lointain une petite silhouette noire, debout. Je la pris pour le tronc d'un arbre solitaire. À tout hasard je me dirigeai vers elle. C'était un berger. [...]

Eh bah quoi, on a bien le droit de se cultiver non ?

Elzéard Bouffier n'a donc pas vraiment existé et n'a pas traîné son bâton « dans cette très vieille région des Alpes qui pénètre en Provence ». Giono, le narrateur, rencontre ce personnage singulier alors qu'il randonne dans la région. L'homme l'accueille en silence dans sa bergerie pour la nuit. Le soir il trie des glands. Le lendemain, il parcourt les chemins, amoureusement, pour les planter et observer comment les précédents poussent. [...]

Faire un résumé

On fait un **résumé** pour rendre compte de manière brève et précise des idées principales d'un texte narratif, explicatif ou argumentatif et souligner les liens logiques qui les unissent.

Mode d'emploi en 5 points
1. Cernez le sujet du texte à partir du titre.
2. Recherchez le sens des mots inconnus.
3. Relevez les idées principales, paragraphe par paragraphe.
4. Dégager l'enchaînement des idées.
5. Rapporter les informations essentielles par ses propres mots.

Atelier

Mise en pratique

Voici le résumé du texte lu dans les pages « Interactions » (p. 48-49).

> ### Développement durable : et si l'avenir passait par les « low-tech » ?
>
> Une association bretonne a décidé d'agir pour venir en aide aux pays dans le monde qui n'ont qu'un accès limité aux ressources naturelles et renouvelables.
>
> Comme toutes les populations du monde ne peuvent satisfaire leurs besoins fondamentaux, l'association souhaite développer le plus de technologies possibles pour trouver des solutions.
>
> Pour y arriver, elle mise sur les low-tech : des projets faciles à réaliser et à entretenir, avec des matériaux locaux. La démarche de l'association est donc contraire à une tendance actuelle qui cherche à toujours produire plus, avec plus de technologies compliquées, provoquant plus de pollution.
>
> Il y a de nombreux exemples de low-tech déjà existants dans le monde. Un projet mis en place récemment a pour mission d'énumérer les méthodes élaborées par des individus pour venir à bout d'un problème environnemental.
>
> Aujourd'hui, la technologie est au service d'une infime partie de la population, notamment dans l'industrie automobile. Il est donc primordial d'accorder plus d'importance aux projets d'innovation qui ont pour objectif l'accès aux denrées de base.
>
> Grâce à la diffusion des découvertes innovatrices sur des plateformes en ligne, le projet souhaite faire connaître les expériences positives à travers le monde.

À vos stylos !

Rédigez le résumé de l'article « Ocean CleanUp – la start up qui veut dépolluer les océans » (p. 47). Aidez-vous des conseils de la page 56.

1. Titre
Quels sont les mots importants du titre ?

2. Vocabulaire
Quels sont les mots et expressions qui vous sont inconnus ?

Mot inconnu	(Traduction)	Synonyme

3. Idées principales
Quels les mots-clés de chaque paragraphe ?
Pour les trouver, posez-vous les questions : « Qui ? Quoi ? Pourquoi ? »

4. Connecteurs logiques
Relevez tous les connecteurs logiques présents dans le texte.

5. Rédaction
Servez-vous des notes prises aux étapes précédentes. Rédigez votre résumé sans recopier le texte original !

3 Respire

Michaël Ferrier, *Fukushima. Récit d'un désastre* (2012)

> Le 11 mars 2011, la région de Fukushima au Japon est frappée par un tremblement de terre et un tsunami particulièrement puissants. À la suite de cette catastrophe naturelle, un très grave accident arrive à la centrale nucléaire de Fukushima, au bord de l'océan Pacifique. Les rejets radioactifs sont énormes, si bien que la zone autour de la centrale nucléaire est interdite à la population. Le travail de décontamination nécessitera des décennies, car l'impact environnemental de la catastrophe nucléaire est très grave. Dans l'extrait ci-dessous, Michaël Ferrier, un écrivain français qui habite à Tokyo, livre ses impressions du désastre de Fukushima et de ses conséquences sur la vie au Japon.
>
> *Michaël Ferrier dans la région de Fukushima*

Depuis le 11 mars, une expression s'est répandue comme une traînée de poudre : la « demi-vie ». Elle est tout autour de nous, on ne parle plus que de ça désormais. La demi-vie des éléments radioactifs que
5 les réacteurs nucléaires diffusent par panaches, par bouquets plus ou moins intenses, massifs, dilués[1], par fumées.

La demi-vie n'est pas une moitié de vie. Techniquement, c'est un cycle de désintégration[2]. Les déchets et les
10 produits de l'industrie nucléaire mettent un certain temps à se désintégrer, temps pendant lequel ils demeurent nocifs. La demi-vie est la période au terme de laquelle un de ces produits aura perdu la moitié de son efficacité ou de son danger. Cela peut se compter
15 en jours, en années, en siècles ou en millénaires.

La demi-vie du césium 135 par exemple est de 3 millions d'années (ce qui signifie que la moitié de la masse de cet élément se désintègre en 3 millions d'années). Le plutonium produit dans les réacteurs a
20 quant à lui une demi-vie de plus de 24 000 ans, temps nécessaire pour qu'il perde la moitié de sa radioactivité seulement. [...]

En dehors de son sens strictement scientifique, le mot de « demi-vie » me semble surtout exemplaire
25 parce qu'il récapitule, au sens métaphorique cette fois, dans une seule formule, extraordinairement concise et suggestive, l'existence dans laquelle nous sommes entrés désormais, celle que l'on veut nous faire mener.

On peut très bien vivre dans des zones contaminées :
30 c'est ce que nous assurent les partisans du nucléaire. Pas tout à fait comme avant, certes. Mais quand même.

La demi-vie. [...]

On présente une situation complètement anormale comme normale. On s'habitue doucement à des
35 évènements inhabituels. On légalise et on normalise la mise en danger de la vie, on s'accommode de l'inadmissible. [...]

C'est ce que j'appelle la « demi-vie » : s'habituer à avoir une existence amputée (amputée de ses plaisirs les
40 plus simples : savourer une salade sans crainte, rester en souriant sous la pluie), à vivre dans un temps friable[3], émietté, confiné, pour que la machinerie nucléaire puisse continuer comme si de rien n'était, sous prétexte que les principaux effets n'en seront
45 visibles et scientifiquement contestables que dans quelques années – le temps nécessaire pour noyer le poison – et que la situation a toutes les apparences du « normal ».

Michaël Ferrier, *Fukushima. Récit d'un désastre*, Éditions Gallimard, 2012.

---

1. dilués : dissous.
2. la désintégration : réaction nucléaire aboutissant à la transformation d'un noyau d'un atome.
3. friable : cassant.

■ Enrichissement lexical

Recherchez dans un dictionnaire le sens de l'expression « noyer le poisson ». Puis expliquez le jeu de mots que fait l'auteur à la fin de l'extrait : « le temps nécessaire pour noyer le poison » (l. 46-47).

■ Pour découvrir le texte

1. Relisez le 2ᵉ paragraphe. Soulignez, puis expliquez avec vos propres mots, les phrases qui définissent l'expression « la demi-vie » d'un point de vue technique.
2. Expliquez, ensuite, le sens métaphorique de l'expression « demi-vie » (l. 32).

Jean-Pierre Andrevon, « La dernière pluie » (1994)

Dans les Alpes suisses, les torrents ne cessent de grossir, emportant des villages entiers sur leur passage…
Au Bangladesh…
Mais le Bangladesh n'existe plus, il n'est plus qu'un trou émietté sur la côte indienne, qui ressemble à un gigantesque fromage mou dans lequel un géant affamé a planté ses dents…
En Italie, Venise achève de s'enfoncer dans la mer. Cette fois, c'est bien la fin d'une des plus belles villes du monde…
La mer du Nord déferle vers l'Europe, sans cesse gonflée par la fonte des glaciers du pôle. Le Danemark, la Hollande, la Belgique, la Normandie sont amputés chaque jour de dizaines de kilomètres carrés…
Voyez cette flottille[1] hétéroclite de barques, de radeaux, de vieux rafiots[2], d'invraisemblables conglomérats faits de bric et de broc, tous reliés entre eux… Sur cette véritable île flottante, des centaines de milliers de familles fuient leur terre bue par l'eau ! Ces nouveaux boat people[3] *ont été arrachés à l'archipel indonésien…*

Il y a eu d'autres images encore, accompagnées de commentaires plus ou moins pontifiants[4], puis l'émission s'est interrompue, laissant place à une neige crépitante qui s'est mise à pelucher[5] sur l'écran. J'ai zappé pendant cinq minutes, mais toutes les chaînes étaient pareillement devenues aveugles. […]

Moi, je n'arrivais pas à me détacher de l'écran mort. J'avais encore toutes ces images terribles dans la rétine[6]. Terribles ? Bien banales, pourtant. La phrase de monsieur Melznick[7] m'est revenue en tête. *Nous payons pour toutes les bêtises de l'humanité.* Il avait peut-être raison. Parce que je sais bien comment on en est arrivés là, à ce « Nouveau Déluge », comme les médias n'ont pas manqué de baptiser l'événement. Papa avait expliqué, mieux que tous les commentaires officiels…

À force de balancer dans l'atmosphère des milliards de tonnes de gaz carbonique et autres cochonneries suite à la combustion forcenée des énergies fossiles, pétrole et charbon en particulier, la température moyenne du globe s'est élevée en cent ans, oh ! pas beaucoup, de même pas deux degrés. Mais c'est pourtant suffisant pour provoquer des changements climatiques qui vont en s'aggravant : des tempêtes monstrueuses en Europe, des cyclones gigantesques qui ravagent l'hémisphère Sud, des sécheresses sans précédent en Afrique, en Asie centrale, en Amérique centrale, et surtout l'accélération de l'évaporation des eaux océaniques… Des milliards de mètres cubes de vapeur d'eau qui se sont condensés au-dessus de nos têtes, formant autour de la planète une impénétrable couche de nuages. Et il s'est mis à pleuvoir, cette pluie lourde et chaude que nous connaissons bien, que nous subissons sans trêve, cette pluie lourde et grasse, noire de toute la pollution ramassée en chemin.

La pluie a commencé fin novembre, après un automne étouffant. Il n'y a pas eu un gramme de neige, pas d'hiver. À cause de ce déluge[8] d'eau, sans oublier la fonte de la glace des pôles, l'eau a commencé à monter. Et monte encore : nous sommes déjà à la fin mai, la pluie ne s'est pas arrêtée, même un jour. Six mois de pluie ininterrompue, sur la presque totalité de l'Europe !

Voilà à quoi j'ai pensé, face à l'écran neigeux. J'avais tout mon temps : les émissions n'ont pas été rétablies. Ni ce soir ni le lendemain. Ni jamais.

Jean-Pierre Andrevon, « La dernière pluie », *Péril sur terre. 5 nouvelles sur la nature*, Flammarion, « Étonnants classiques », 2017.

---

1. une flottille : ensemble de bateaux. – 2. un rafiot : petit canot à rames. – 3. On appelle *boat people* des migrants qui fuient leur pays pour des raisons politiques ou économiques sur des petites embarcations. L'expression date de la guerre du Vietnam, pendant les années 1970. – 4. pontifiant : solennel. – 5. pelucher : prendre l'aspect de la peluche. – 6. la rétine : *die Netzhaut* ; membrane du fond de l'œil sur laquelle se forment les images. – 7. Monsieur Melznick est un des professeurs du narrateur. – 8. un déluge : pluie torrentielle.

Pour découvrir le texte
1. Pensez-vous que les situations décrites dans le journal télévisé soient exagérées ?
2. Recherchez sur Internet le sens du mythe du déluge. Puis, expliquez en contexte l'expression le « Nouveau Déluge » (l. 31-32).

Développement personnel
« Nous payons pour toutes les bêtises de l'humanité. » (l. 29-30) Expliquez la phrase de M. Melznick. Êtes-vous d'accord avec lui ? Justifiez votre réponse par des exemples précis.

3 Respire

Étienne Davodeau, *Rural !* (2011)

Cet album de bande dessinée raconte l'histoire vraie d'un petit coin de campagne en France qui va être bouleversé par la construction d'une nouvelle autoroute. Parmi les habitants qui vont en vain essayer de s'opposer à ce chantier, il y a Étienne. Ce jeune agriculteur décide au même moment de passer à l'agriculture biologique. Malgré les obstacles posés par la nouvelle autoroute, il réussira.

> ÉTIENNE PROFITE DU PASSAGE DE LA BLESSÉE POUR LUI ADMINISTRER – À CONTRECŒUR – UN ANTIBIOTIQUE.

> DANS CERTAINS ÉLEVAGES DE POULETS EN BATTERIE, L'ANTIBIOTIQUE FAIT PARTIE DE L'ALIMENTATION COURANTE DES ANIMAUX. ON LE RETROUVE ALORS FORCÉMENT DANS NOTRE ASSIETTE.
>
> ICI, EN BIO, ON NE RIGOLE PAS AVEC ÇA. C'EST UN OUTIL DE DERNIER RECOURS, TRÈS CONTRÔLÉ.

— EN GÉNÉRAL, J'ESSAIE L'HOMÉOPATHIE. MAIS ÇA MARCHE PAS TOUJOURS. ET LÀ, MOBILE EN EST À SON DEUXIÈME PANARI.

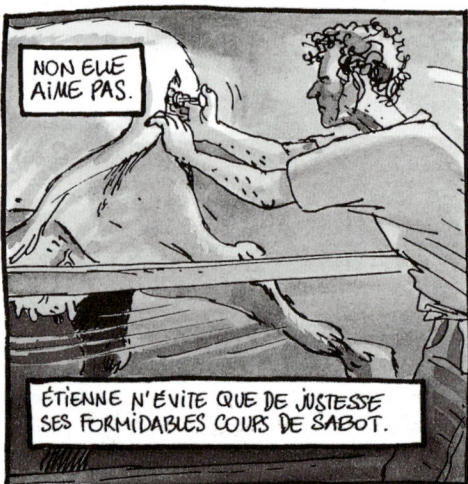

— ÉCARTE-TOI. ELLE AIME PAS.

— NON ELLE AIME PAS.

> ÉTIENNE N'ÉVITE QUE DE JUSTESSE SES FORMIDABLES COUPS DE SABOT.

> MAIS, PAS RANCUNIÈRE, ELLE DONNE SON LAIT AVANT DE REJOINDRE, EN BOITANT, SES CONGÉNÈRES.

SLURRP SLURRP SLURRP... SLURRP SLURRP SLURRP... SLURRP... SLUURRP

> DERRIÈRE LA SALLE DE TRAITE, DEUX VEAUX D'UN MOIS ONT DROIT À UN PLEIN SEAU DE LAIT QU'ILS SIFFLENT EN QUELQUES SECONDES.

> LE PLUS AFFAMÉ CHERCHE ENSUITE AUTRE CHOSE À TÉTER. L'OREILLE DU VOISIN FERA L'AFFAIRE MALGRÉ SES PROTESTATIONS PANIQUÉES.

- **l'homéopathie** : méthode de médecine alternative.
- **le panaris** : grave infection des pieds des vaches.
- **être rancunier/ère** : éprouver un sentiment amer à la suite d'une frustration ou d'une injustice.

Évasion

Pour découvrir la bande dessinée

1. Décrivez la relation qu'Étienne entretient avec ses bêtes. Justifiez votre réponse à l'aide des dessins.
2. Quel constat est fait quant au prix du lait bio dans les supermarchés ?
3. Quelle critique est adressée contre les producteurs de lait conventionnel ?

« Voici le tank où le lait est stocké... »

« ...avant d'être ramassé, tous les deux jours, par un camion... »

« ...qui fera encore quelques haltes chez d'autres producteurs du Maine-et-Loire puis de Vendée et de Charente. Au total, il collectera 25 000 litres, bio bien sûr. »

« Ce n'est que le lendemain matin, à l'aube que le lait de Miroir, Banette, Mimosa et leurs copines rejoindra la laiterie bordelaise où il sera conditionné. Le litre est acheté au Kozon 2,40 F. Dans mon supermarché, il est revendu 6,80 F. Le litre conventionnel y est vendu 3,30 F en étant acheté 2,00 F à son producteur. »

— 17 litres par vache et par jour, c'est autant que chez un producteur conventionnel ?
— Holà non ! Eux peuvent monter à 25, voire plus...

« Surtout s'ils essaient de faire reculer les limites de leurs vaches... »

« ...C'est dans cette optique qu'un jour un sombre crétin a eu l'idée de leur filer des farines animales. »

— On est envahis par les chats ici... Il va falloir que je m'en occupe...
— Ça t'étonne ? Y'a du lait partout ici. C'est le paradis. ...Tu fais quoi maintenant ?
— Je vais préparer la faucheuse. Demain, on commence les foins.

Étienne Davodeau, *Rural !*, Delcourt, 2011.

• Le département du Maine-et-Loire se situe à l'ouest de la France, près de la côte atlantique. C'est une région connue pour sa richesse agricole. La ferme du Kozon produit chaque jour 800 litres de lait biologique.

soixante et un • 61

3 Respire — Libre cours

Bénabar, « L'effet papillon » (2006)

Si le battement d'aile d'un papillon quelque part au Cambodge
Déclenche sur un autre continent le plus violent des orages
Le choix de quelques-uns dans un bureau occidental
Bouleverse des millions de destins surtout si le bureau est ovale
5 Il n'y a que l'ours blanc qui s'étonne que sa banquise fonde
Ça ne surprend plus personne de notre côté du monde
Quand le financier s'enrhume ce sont les ouvriers qui toussent
C'est très loin la couche d'ozone mais c'est d'ici qu'on la perce
C'est l'effet papillon petites causes, grandes conséquences
10 Pourtant jolie comme expression, petites choses dégâts immenses

L'Effet Papillon, Paroles & musique de Bénabar, © 2008 Ma Boutique avec l'aimable autorisation de Sony/ATV Music Publishing Allegro France. Droits protégés.

De Läb, « Häppy Hippokrit » (2013)

Du retts gären d'Welt an d'Déieren, jo dat sinn deng Wierder,
dofir bass de elo Veganer an dréis Nike-Schong aus Lieder.
Also schmäiss dech an de Look an géi chic demonstréieren,
nenn et emo, vegan, punk, ech nennen et dozou gehéieren.
5 [..]
Ech sinn Hippokrit,'t gëtt mech a rout wéi och a giel.
Du bass Hippokrit,'t gëtt Zäit, datt dat Onkraut mol verwielt.
Heen ass Hippokrit, et deet wéi, mä d'Wourecht mécht miew.
Hatt ass Hippokrit , Zäit, datt seng Aart emol ausstierwt.
10 [...]
Kaf nëmme ‚bio' an natierlech wielt een da gring,
sief sou öko, fuer mam Auto bis an d'Wahlkabinn.
[...]
Schäiss op d'Societéit, du hues däi facebook-Account geläscht,
15 an dann zitts de bei Second Life vun der Stad an de Bësch.
Mä bon, ech sinn och net deen, deen dir op d'Hänn kuckt,
mär si sou real, mär spille souguer am M Club.

© De Läbbel, 2013

Radiohead, « The numbers » (2016)

We call upon the people
People have this power
The numbers don't decide
Your system is a lie
5 The river running dry
The wings of a butterfly
And you may pour us away like soup
Like we're pretty broken flowers
We'll take back what is ours
10 Take back what is ours
One day at a time

« THE NUMBERS » Paroles et Musique de Thomas Yorke, Philip Selway, Edward O'brien, Jonathan Greenwood, Colin Greenwood © Warner Chappell Music Ltd.

▪ Pour découvrir les paroles
Voici 3 chansons, d'artistes de cultures différentes, qui traitent du développement durable.
1. Faites une recherche sur Internet pour retrouver les paroles complètes de ces chansons.
2. Comment le sujet est-il présenté dans chacune de ces chansons ?
3. Quelle chanson vous donne le plus envie d'agir ?

▪ Tous en chœur !
L'écologie et le développement durable forment un bon terreau d'idées pour de nombreux artistes.
1. Connaissez-vous des chansons dans votre langue maternelle ou dans d'autres langues qui parlent de ces sujets d'actualité ?
2. Faites un résumé de quelques lignes du texte de la chanson.
3. Présentez-la à vos camarades en mettant en avant son message.

Leçon 4 Migrer

Au cours de cette leçon, nous allons :

essayer de mieux **comprendre la crise migratoire**

échanger sur **l'accueil** réservé aux **migrants**

apprendre à **organiser** nos idées sur **un sujet complexe**

4 Migrer

Lecture de l'image
Décrivez l'image ci-contre selon la méthodologie proposée dans la leçon 1.

Massimo Sestini, Migrants secourus par la marine italienne, 07/06/2015. 2e prix Actualités générales du World Press Photo 2015.

Vu d'ici

PROJET D'INTÉGRATION « RÉUSSIR SA MIGRATION »

Fournir un soutien à ceux qui ont récemment obtenu le statut de réfugié, afin qu'ils s'intègrent dans le pays et deviennent autonomes.

Voilà l'idée que sous-tend le projet « Réussir sa migration » de l'Asti. L'un de ses volets est le « coaching à l'intégration », auquel ont participé l'an dernier 25 « duos », chacun composé d'un coach et d'un réfugié reconnu. Le point important est l'assistance sur le plan administratif, mais le projet va beaucoup plus loin.

L'intégration figure évidemment au premier plan. Il faut que les deux personnes, le coach et le réfugié, parlent beaucoup ensemble, parce qu'il y a d'un côté, l'apprentissage de la langue, et d'un autre côté, les choses de la vie de tous les jours, comme envoyer des factures à la CNS, explique le responsable du coaching à l'intégration à l'Asti, Nicki Schilt. Pour le coach, c'est évidemment un avantage de parler le luxembourgeois, de connaître le système et d'avoir des relations.

Nadia et Alem constituent un tel duo. Nadia a été informée du projet par la presse et elle a considéré que c'était une bonne occasion pour apprendre à connaître les réfugiés et les aider. Les deux femmes, qui ont des enfants du même âge, ont fait connaissance en mars et l'alchimie a immédiatement fonctionné. Alem vient d'Éthiopie et elle est très reconnaissante envers son coach. « Nadia m'a par exemple aidée à apprendre le luxembourgeois. Et elle a aussi aidé toute ma famille. Elle s'est également débrouillée pour que mon fils intègre l'École européenne. »

Dans de nombreux cas, après quelques mois, une véritable connexion et une amitié s'établissent au sein du duo, qui se poursuivent après les 7 mois prévus dans le programme. Nadia pense déjà à l'avenir d'Alem et de ses enfants et elle est optimiste. […]

www.5minutes.rtl.lu, 31/08/2017.

Le petit +

L'ASTI (Association de Soutien aux Travailleurs Immigrés) est une organisation non gouvernementale créée en 1979 pour favoriser l'intégration des étrangers au Luxembourg. Les missions principales de l'organisation sont le soutien scolaire, les cours de langue, la sensibilisation à la non-discrimination et la promotion d'échanges multiculturels. L'ASTI défend une société riche de sa diversité culturelle.

Interactions

Ça fait l'actu !

À DALOA, GARE CLANDESTINE D'OÙ PARTENT LES JEUNES IVOIRIENS EN QUÊTE DE « L'ELDORADO » EUROPÉEN

En passant devant les hauts murs, hérissés[1] de barbelés, du centre des impôts de Daloa, Abdoulaye*, la trentaine, ne peut retenir un soupir : « Ça fait mal. Ils sucent tout notre argent et ne nous donnent rien, ne font rien pour nous. » Le 1er septembre, avec 173 collègues, il a perdu son emploi à la mairie de cette grande ville du centre-ouest de la Côte d'Ivoire. Depuis, le songe[2] qui trottait dans sa tête depuis plusieurs années s'est transformé en idée fixe : quitter le pays, à tout prix, et rejoindre l'Europe. Comme des milliers de jeunes Ivoiriens, il rêve d'une autre vie dans « l'eldorado » où, il en est persuadé, « tout est plus facile ». […] Il y avait deux cars de soixante places qui partaient chaque jour. Ça a beaucoup diminué aujourd'hui, tout simplement parce que presque tous les candidats au départ sont partis », raconte Mamadou Soro, président de l'Union de la jeunesse communale de Daloa (UJCD). Les bus, qui quittent la ville de nuit, passent par le Burkina Faso ou le Mali pour rejoindre la porte du désert à Agadez, au Niger. Là-bas, des véhicules tout-terrain filent vers la Libye, où un troisième réseau de passeurs réceptionne les migrants, direction la côte.

De l'avis de l'équipe de l'UJCD, outre le manque d'emplois, la principale raison de cette vague migratoire vient des réseaux sociaux. Pour Issiaka Konaté[3], c'est la raison numéro un. Les Ivoiriens qui parviennent à atteindre l'Italie publient immédiatement des photos d'eux avec des habits neufs, devant des belles voitures ou font des selfies avec des Européens.

« Regardez comment il a grossi depuis qu'il est là-bas », lancent, comme un refrain, plusieurs vendeurs de téléphones, en montrant des photos Facebook d'un frère ou d'un ami qui « a réussi ». Ils s'occultent[4] ainsi la réalité : les morts dans le désert, les kidnappings, la prison en Libye et les rançons demandées aux parents… Et, plus dangereux encore, la traversée de la Méditerranée dans des embarcations de fortune, où les migrants s'entassent par centaines.

Depuis le début des départs, le gouvernement ivoirien et les autorités de Daloa ont mis en place une grande campagne de sensibilisation et de dialogue, avec l'aide de l'UJCD. Des films présentant les risques ont été projetés dans les quartiers et un avion spécial a été affrété[5] par le ministère de l'Intégration, fin novembre 2015, pour rapatrier 44 Ivoiriens bloqués en Libye. Selon Issiaka Konaté, les campagnes, associées à la lutte contre les passeurs, ont porté leurs fruits et réduit les départs.

www.lemonde.fr/afrique, Rémi Carlier, 17/10/2016.

1. hérissé : muni, garni. – 2. un songe : un rêve. – 3. Issiaka Konaté est un haut fonctionnaire au ministère de l'Intégration de la Côte d'Ivoire. – 4. occulter : cacher. – 5. affréter : prendre un moyen de transport collectif en location.

Lecture du dossier

La classe se partage les 2 documents. Chaque document aborde la question de l'immigration.
Dégagez les idées principales, puis réalisez les tâches proposées. Partagez vos réponses avec vos camarades.

1. Projet d'intégration « Réussir sa migration »
- Pourriez-vous coacher un immigré ? Justifiez votre réponse.
- Quelle serait la première chose que vous feriez ?

2. À Daloa, gare clandestine d'où partent les jeunes Ivoiriens en quête de « l'eldorado » européen
- Rédigez une définition de l'eldorado. Faites une recherche sur Internet ou lisez « Le petit + » proposé dans les pages « Évasion » (p. 76).
- Expliquez l'influence que les réseaux sociaux peuvent avoir sur l'envie de partir des jeunes Ivoiriens.

4 Migrer

VERS UN NOUVEAU PACTE MONDIAL SUR LA MIGRATION
Lettre ouverte d'Antonio Guterres, secrétaire général de l'ONU, dans le cadre du pacte mondial sur la migration.

La migration suscite la croissance économique, réduit les inégalités et crée des liens entre sociétés diverses. Pourtant, elle est aussi à l'origine de tensions politiques et de tragédies humaines. La plupart des migrants vivent et travaillent en toute légalité. Mais, poussés par le désespoir, une minorité d'entre eux mettent leur vie en péril pour entrer dans des pays où ils s'exposent à la méfiance et à la maltraitance.

Il y a fort à parier que les pressions démographiques[1] et l'incidence des changements climatiques provoqueront d'autres migrations dans les années à venir. Voulons-nous faire de la migration une source de prospérité et de solidarité internationale ou y voir un facteur de déshumanisation et de tension sociale ? Cette année, les gouvernements négocieront, sous les auspices[2] des Nations unies, un pacte mondial sur les migrations, premier grand accord international du genre. […] Il n'y a pas de temps à perdre. Les récentes vidéos montrant la vente de migrants comme esclaves nous ont prouvé ce qui peut arriver lorsque les migrations à grande échelle ne sont pas gérées efficacement. Pour mettre un terme à ces injustices et empêcher qu'elles ne se reproduisent, notre réflexion doit se fonder sur trois considérations indispensables.

La première : reconnaître et mettre en évidence les avantages des migrations, si souvent passés sous silence dans les débats publics. La contribution des migrants est pourtant considérable à la fois pour leur pays d'accueil et leur pays d'origine. Ils acceptent les emplois que les mains-d'œuvre locales ne peuvent assumer.

Beaucoup sont des innovateurs et entrepreneurs. Les migrants apportent également une contribution majeure au développement international en envoyant dans leur pays d'origine des fonds qui représentaient l'an dernier trois fois le montant total de l'aide au développement. […]

Deuxièmement, les États doivent veiller à rendre conformes à l'état de droit[3] les méthodes qu'ils utilisent pour gérer les migrations et protéger les migrants. Les autorités qui érigent des obstacles majeurs à la migration ou restreignent les opportunités de travail pour les migrants s'infligent un préjudice[4] économique inutile et peuvent même encourager sans le vouloir la migration illicite[5]. Privés de voies licites, ceux qui veulent émigrer n'ont souvent d'autre choix que de recourir à des moyens clandestins. […]

Troisièmement, il faut resserrer la coopération internationale pour protéger les réfugiés et les migrants vulnérables, et il nous faut rétablir l'intégrité du régime de protection des réfugiés, conformément au droit international. Le sort des milliers de personnes qui périssent en tentant de franchir

---

1. les pressions démographiques : besoin urgent d'agir à cause de la forte croissance d'une population.
2. sous les auspices de : sous la protection de.
3. un état de droit : état dans lequel chaque personne, donc aussi les dirigeants, doivent respecter la loi.
4. un préjudice : un désavantage.
5. illicite : illégal.

Oui à la solidarité et à l'accueil des migrants et réfugiés

une mer ou un désert n'est pas seulement une tragédie humaine. Les déplacements massifs et désordonnés dans des situations désespérées donnent à croire que les frontières sont menacées et que la situation échappe aux États. Il s'ensuit un renforcement draconien[6] des contrôles frontaliers, qui met à mal nos valeurs communes et contribue à perpétuer les tragédies.

Nous devons prendre des mesures urgentes pour aider ceux qui sont actuellement enfermés dans des camps de transit ou qui sont maltraités, que ce soit en Afrique du Nord ou en Amérique centrale. […] La migration ne devrait pas être synonyme de souffrance.

Il est en notre pouvoir d'instaurer un monde dans lequel nous pouvons nous féliciter de l'apport des migrations. Cette année peut poser un jalon sur la voie de la mise à profit des migrations pour tous.

www.letemps.ch, 16/01/2018.

---

6. draconien : sévère.

▶ Enrichissement lexical

Expliquez dans le contexte de l'article les expressions suivantes :
1. « passés sous silence » (l. 24)
2. « poser un jalon » (l. 63)

▶ Compréhension de texte

Répondez de manière concise aux questions suivantes en vous appuyant sur les éléments du texte. Veillez à utiliser vos propres mots.

1. Pourquoi est-il important de conclure un pacte mondial sur la migration ?
2. Résumez les trois considérations dont il faut, selon Antonio Guterres, absolument tenir compte avant de conclure un nouveau pacte mondial sur les migrations.

▶ Développement personnel

Laquelle des trois considérations est, selon vous, la plus importante ? Justifiez votre réponse.

4 Migrer

La migration

Trouvez les mots justes

Horizontal

1. Se dit de quelqu'un qui, ayant perdu sa nationalité, n'en a pas légalement acquis une autre.
2. Personne sans papier qui est dans un pays de manière illégale.
3. Personne ayant fui son pays d'origine pour des raisons politiques, religieuses ou raciales.

Vertical

4. Personne qui a quitté son pays pour s'installer dans un autre pays.
5. Lieu où l'on peut se réfugier pour être à l'abri d'un danger.
6. Le fait d'accepter quelqu'un dans un son groupe.

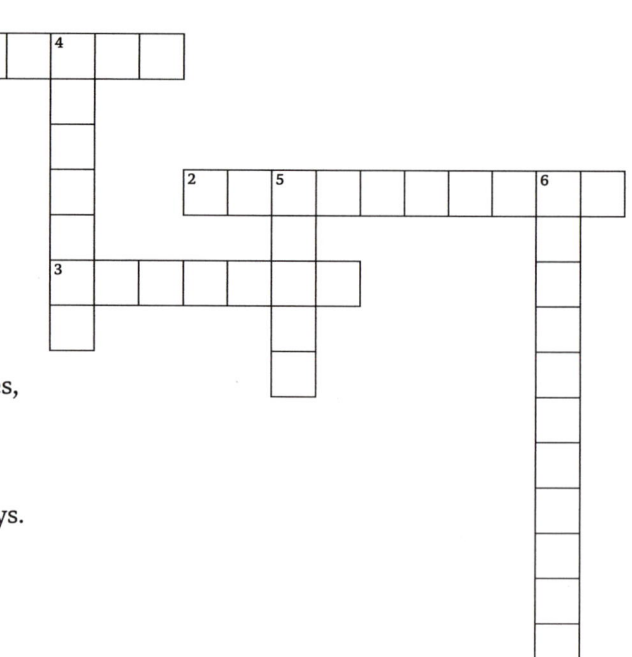

Horizontal : 1. apatride – 2. clandestin – 3. réfugié
Vertical : 4. immigré – 5. asile – 6. intégration

À vous !

Par deux, rédigez une définition des notions suivantes.
Recherchez les mots dans un dictionnaire pour enrichir vos explications.

1. émigrer

2. un réfugié politique

3. un demandeur d'asile

4. les flux migratoires

5. la xénophobie

Welcome de Philippe Lioret est un film sur l'immigration clandestine. Bilal, un jeune migrant kurde qui a fui Mossoul (Irak) vient d'arriver sur le rivage de la mer du Nord, en France. Il s'aperçoit vite que Calais, la dernière étape des immigrés, est une jungle régie par la violence des passeurs et le harcèlement permanent des hommes en uniforme.

Pour rejoindre la Grande-Bretagne, il essaie, en vain, de traverser la Manche caché dans un camion. Il décide alors d'essayer la traversée à la nage. Pour cela, il doit d'abord apprendre à nager. À la piscine municipale, il fait la connaissance de Simon, le maître nageur qui décide de l'aider.

À vous !

Connaissez-vous d'autres films qui parlent de ce sujet ?

- Lancez une recherche sur Internet et recopiez le synopsis d'un film sur l'immigration.
- Présentez-le à vos camarades.

Ressources

Le rêve d'une vie meilleure

fuir une dictature, une situation de guerre	
fuir la pauvreté, la famine	
quitter son pays d'origine	
s'établir, s'installer dans un pays d'accueil	
reconstruire sa vie	
améliorer ses conditions de vie	
s'intégrer	

👁 Lecture d'une carte

- Regardez l'infographie ci-dessous sur l'afflux migratoire vers l'Union européenne au cours des dernières années.
- Réfléchissez aux causes qui sont à l'origine de ce phénomène de migration massive et discutez-en en classe.

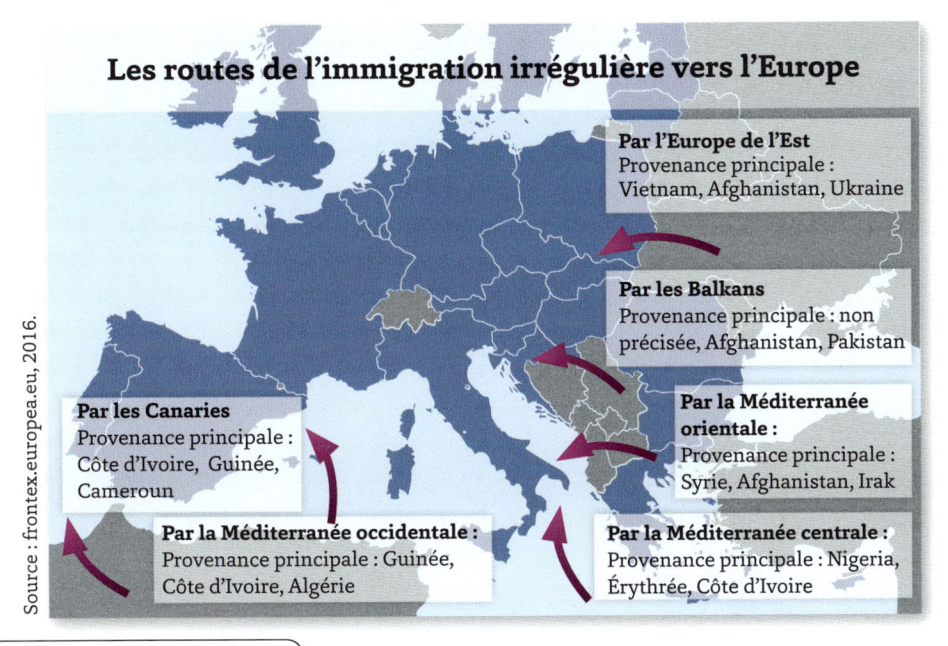

Les routes de l'immigration irrégulière vers l'Europe

Par l'Europe de l'Est
Provenance principale : Vietnam, Afghanistan, Ukraine

Par les Balkans
Provenance principale : non précisée, Afghanistan, Pakistan

Par les Canaries
Provenance principale : Côte d'Ivoire, Guinée, Cameroun

Par la Méditerranée orientale :
Provenance principale : Syrie, Afghanistan, Irak

Par la Méditerranée occidentale :
Provenance principale : Guinée, Côte d'Ivoire, Algérie

Par la Méditerranée centrale :
Provenance principale : Nigeria, Érythrée, Côte d'Ivoire

Source : frontex.europea.eu, 2016.

Les flux migratoires

les vagues de migration	
les principales routes migratoires	
un phénomène de migration massive	
une crise migratoire	

Le petit +

L'espace Schengen comprend les territoires des 26 États européens, 22 États membres de l'Union européenne et 4 États associés (Liechtenstein, la Norvège, la Suisse et l'Islande) qui ont mis en œuvre l'accord de Schengen et la convention de Schengen en 1985 et 1990. L'espace Schengen est un espace unique en matière de voyages internationaux et de contrôles frontaliers, où le franchissement des frontières intérieures se fait librement. Voyager d'un pays Schengen à un autre est possible sans aucun contrôle des passeports.
Le territoire délimité est appelé « espace Schengen », du nom du village luxembourgeois, où a été signé l'accord. Le choix de ce lieu est symbolique car il s'agit d'un tripoint frontalier entre le Luxembourg (et plus largement le Benelux), l'Allemagne et la France.

4 Migrer

> **Lecture de l'image :** Commentez et interprétez le dessin à l'aide de la méthodologie présentée dans la leçon 1.

PLUS DE 300 000 MIGRANTS ONT TRAVERSÉ LA MÉDITERRANÉE

Et encore… c'est que la partie émergée de l'iceberg

LASSERPE.

Les difficultés de l'immigration

un(e) réfugié(e)	
demander, obtenir le statut de réfugié	
un(e) immigré(e) clandestin(e)	
un sans-papier	
être déraciné(e)	
rompre avec le passé	
affronter des épreuves	
surmonter des obstacles	
se retrouver en situation irrégulière	
être renvoyé dans son pays d'origine	

L'hostilité contre les immigrés

la xénophobie	
un climat xénophobe	
le racisme	
les partis d'extrême droite	
chercher des coupables, des boucs émissaires	

Welcome to paradise

Dès le début de la crise migratoire, les artistes, par leurs créations diverses, se sont mobilisés en faveur de l'accueil des migrants. Par exemple, le spectacle *Welcome to paradise* créé par la compagnie luxembourgeoise « La Compagnie du grand Boube », en 2016. À travers des témoignages d'hommes et de femmes qui ont fui la guerre et risqué leur vie pour venir trouver un meilleur sort en Europe, c'est l'impact des mouvements migratoires sur notre « vivre-ensemble » qui est interrogé.

Fonctionnaire (H), DPI[1], Syrie

Nous sommes arrivés sur la petite île grecque de Farmakonisi, occupée par des militaires. Il y avait d'autres réfugiés. En tout, nous étions environ trois cents. Au matin, dix soldats sont arrivés. Ils nous ont amenés dans un coin de l'île qui était entouré de barbelés et ils nous ont servi un repas.

Chacun avait droit à une louche et quand mon tour est arrivé, il ne restait plus rien. Mais j'avais encore des dattes et des pistaches achetées en Syrie, que j'ai partagées avec quelques autres. Les soldats nous ont dit qu'ils étaient désolés, mais qu'ils ne pouvaient pas nous donner autre chose, qu'ils nous avaient préparé le repas avec leurs propres réserves. Nous les avons remerciés.

[…] j'ai rejoint en bus la frontière allemande, à la hauteur de Passau. J'ai traversé le pont à pied avec d'autres réfugiés. Deux policiers nous ont amenés dans un camp, où on a pris nos empreintes avant de nous donner à manger. Ce qui est quand même marrant, parce qu'on venait seulement de manger côté autrichien…

[…] Ils ont enregistré tous les renseignements sur mon identité, ma nationalité, mon âge, ma famille, et ils ont imprimé un bracelet avec un numéro d'identification. Moi, j'étais le numéro 45.

J'ai passé deux nuits dans ce camp. Chaque fois que je m'adressais à quelqu'un, je n'arrivais pas à communiquer. Comme je parle français et pas allemand, je me suis alors décidé à rejoindre un pays francophone. Je ne voulais pas aller en France à cause du taux de chômage élevé, ni en Belgique.

J'avais trouvé ma destination : Luxembourg. Mais il y a une image qui me revient quand je repense au camp de Passau. À mon arrivée, j'ai vu des soldats allemands qui étaient en train de monter des tentes et j'ai pleuré. Ils m'ont fait penser aux soldats du régime syrien qui, eux, détruisent tout : les enfants, les adultes, les maisons, des existences entières. Je me suis demandé pourquoi les uns tuent et détruisent, alors que les autres construisent…

© La Compagnie du grand Boube, 2016.

---

1. DPI : abréviation pour demandeur de protection internationale.

Parlons-en !

Pensez-vous que de tels spectacles aient une influence sur l'opinion des gens ? Réfléchissez à des initiatives similaires pour combattre les stéréotypes et la xénophobie.

4 Migrer

35ᵉ FESTIVAL MIGRATIONS CULTURES & CITOYENNETÉ
2, 3, 4 MARS 2018 LUXEXPO THE BOX
LUXEMBOURG-KIRCHBERG
www.clae.lu

CLAE présente

L'accueil des immigrés

favoriser l'intégration	
scolariser les enfants étrangers en classe d'accueil	
organiser des cours de langues	
favoriser l'échange culturel	
faire preuve de tolérance	
être tolérant(e)	
être ouvert(e) d'esprit	

Le petit +

Quelques chiffres… Avec ses 48 % d'étrangers représentant près de 170 nationalités différentes, le Luxembourg constitue le pays de l'OCDE[1] ayant la quote-part la plus élevée d'étrangers parmi sa population. 80 % des résidents étrangers sont nés à l'étranger et ont émigré au Luxembourg.

D'après www.luxembourg.public.lu

---
1. OCDE: Organisation de coopération et de développement économique.

Le Luxembourg, un pays multiculturel

un pays multiculturel	
une mixité culturelle	
un pays cosmopolite	
un pays multilingue ou plurilingue	
une diversité linguistique	
promouvoir le multilinguisme, le plurilinguisme	
compter un taux d'étrangers important	

Immigration et intégration
Trouvez les mots justes

Associez chaque mot à sa définition.

1. plurilingue • • qui comprend des éléments de multiples nationalités.
2. tolérant • • faire en sorte que qqn ne soit plus étranger à un groupe et qu'il s'y assimile.
3. intégrer • • qui peut utiliser couramment plusieurs langues.
4. cosmopolite • • qui relève de plusieurs cultures différentes.
5. accueil • • qui fait preuve de compréhension et d'indulgence en matière d'opinion.
6. multiculturel • • action et manière de recevoir qqn

La migration économique

le marché du travail	
la prospérité économique	
la croissance	
la main-d'œuvre étrangère	
un frontalier/une frontalière	

1 Complétez le texte lacunaire avec les expressions et mots proposés. Faites les modifications nécessaires !

> Grande Région – taux – marché – natalité – frontalier – prospérité – croissance – main-d'œuvre

Le Luxembourg a non seulement le _____ d'étrangers le plus élevé de l'Union européenne, mais aussi le plus grand nombre de travailleurs _____. Au cours des vingt-cinq dernières années, le nombre de personnes franchissant quotidiennement la frontière pour venir travailler au Grand-Duché de Luxembourg a plus que décuplé. Il est passé de 13 800 en 1980 à 141 000 de nos jours. La moitié des frontaliers vient de France, un quart de Belgique et un autre quart d'Allemagne, donc tous de ce nouvel espace économique créé en 1991 et appelé « _____ ». Cette dernière inclut, outre le Luxembourg, les länder de Sarre et de Rhénanie-Palatinat, la Wallonie belge et la Lorraine française. Selon les prévisions de l'Observatoire interrégional du marché de l'emploi, le nombre de frontaliers atteindra les 300 000 personnes d'ici à 2050.

Les frontaliers ont [...] depuis longtemps dépassé les Luxembourgeois sur le _____ de l'emploi national : quelque 70 % des emplois nouvellement créés au Grand-Duché sont occupés par les frontaliers.

C'est un fait que les étrangers, qui représentent plus de 50 % des salariés au Luxembourg, contribuent de façon substantielle à ce que l'économie luxembourgeoise, affichant l'une des _____ les plus fortes de l'Union européenne, continue à être florissante. Pratiquement personne ne conteste plus que l'économie nationale s'effondrerait en très peu de temps si elle était privée de sa _____ étrangère et qu'il existe une étroite relation entre les migrations et la _____ économique du pays. Le rendement du travail des étrangers contribue à maintenir le produit intérieur brut luxembourgeois par habitant à un niveau pratiquement deux fois plus élevé que celui de la moyenne de l'Union européenne.

Grâce à elle, il est possible de continuer à financer les retraites et les pensions. Sans oublier que le taux de _____ plus élevé des concitoyens étrangers est le seul facteur à contribuer actuellement à un développement démographique positif au Luxembourg.

www.luxembourg.public.lu

4 Migrer

Apprendre à discuter

Pour comprendre certains problèmes de société, il ne suffit pas de peser le pour et le contre. Des sujets complexes, comme la migration, nécessitent une réflexion plus poussée, pour cerner les problèmes, trouver les causes et réfléchir aux solutions.

À vous !

À l'aide de l'image ci-dessus, réfléchissez à la crise migratoire actuelle.

Voici quelques astuces pour vous aider :

1. Trouvez les **problèmes** en vous identifiant avec le sujet : « Je suis un migrant, quels sont les problèmes auxquels je suis confronté ? »

2. Cherchez les **causes** du sujet traité en vous posant la question suivante : « Pourquoi les migrants quittent-ils leur pays ? »

3. Proposez des **solutions** : « Comment peut-on aider les migrants ? »

Problèmes	Causes	Solutions
1.	1.	1.
2.	2.	2.
3.	3.	3.

Atelier

Lisez cette interview d'un migrant. À l'aide de couleurs différentes, soulignez dans le texte les passages qui décrivent
- les problèmes que rencontre Seydou pendant son voyage et à son arrivée ;
- les causes qui l'ont poussé à partir ;
- les solutions qui lui sont proposées en France.

Portrait d'un migrant

Seydou* a 26 ans. Il est né au Sénégal, un pays d'Afrique de l'Ouest. Il est arrivé en France en 2013, après avoir traversé la Méditerranée avec d'autres migrants. Voici son histoire.

• *Seydou, comment était ta vie dans ton pays ?*

Seydou : Comme j'étais orphelin, je vivais avec ma grand-mère qui était très pauvre. Pour elle, il était difficile de mener une vie normale. Et pour moi aussi, c'était pareil, je souffrais. Il n'y avait pas de travail. Pour gagner son pain, c'était dur : il fallait se débrouiller à droite à gauche. […]

• *Tu pars donc en Libye…*

Seydou : Chez nous, au Sénégal, pour aller en Libye, c'était pas un problème : j'ai pris l'avion. En Libye, il y avait partout des étrangers qui attendaient de traverser. Il y avait beaucoup de nationalités. C'était dur, car les Libyens traitaient mal les gens. […] Ils m'ont dit : « C'est 900 euros. » J'ai dit : « Moi, tout ce que j'ai, c'est 900 et quelques euros, je ne peux pas tout donner et rester sans rien. » Finalement je n'ai payé que 850 euros pour la traversée. Mais il y en avait qui payaient 900 euros ou même 1 000 et quelques euros. […]

• *Peux-tu nous raconter la traversée ?*

Seydou : Les passeurs nous laissaient prendre juste un petit sac, un sandwich. Ils ne voulaient pas qu'on prenne nos affaires avec nous. On est partis à trois barques. J'étais sur la dernière barque. Malheureusement, les deux premières étaient très surchargées : dans une tempête, elles ont fait naufrage. Il n'y a pas eu un seul survivant. Moi, j'ai vu ça. Ce sont des moments terribles. Ce n'est pas facile à expliquer ou à raconter. J'ai vu plus de 200 personnes mourir devant mes propres yeux. Des gens qui souffraient. Nous, on ne pouvait rien faire. […]

• *Quand tu es arrivé ici, tu ne connaissais personne. Qu'as-tu fait ?*

Seydou : La première chose que j'ai faite, je m'en rappelle : je me suis assis dans un kebab. Quelqu'un m'a offert un café et des cigarettes. Puis j'ai marché, j'ai marché, jusqu'à arriver à une autre gare. Je suis resté là cinq jours sur un banc public. Le sixième jour, quelqu'un s'est arrêté pour me parler. Il m'a dit : « Tu fais quoi, là ? Tu es tout le temps assis là ? Tu n'es pas obligé de dormir dans la rue. Tu fais ce numéro, le 115, tu appelles, ils vont te donner un endroit pour dormir. » J'ai été dans des foyers d'accueil. Mais ce n'était pas facile pour moi. Je ne dormais plus. Toute la nuit, je restais assis. Je revoyais tout le temps les mêmes images.

• *Cela fait deux ans que tu es en France. Est-ce que tu rencontres plutôt des gens qui t'aident ou des gens qui sont contre toi ?*

Seydou : Ceux qui ne m'aiment pas, je ne les rencontre pas. Moi, je respecte tout le monde. Dans mon immeuble, il y a un vieux voisin : c'est mon ami, et lui aussi dit partout que je suis son ami. Depuis que je suis là, il me conseille toujours de ne pas me décourager. Un prêtre m'a trouvé ce logement. Un psychologue m'a écouté ; des gens m'ont accueilli une semaine au calme, quand c'était très difficile pour moi. Je remercie tous ces gens. Maintenant, ça va mille fois mieux.

www.1jour1actu.com, 5/05/2015.

* Le prénom a été modifié.

✎ À vos stylos !

Rédigez à deux une interview imaginaire. Vous interrogez un(e) immigré(e) sur son quotidien dans une ville en Europe. Dans les réponses, vous insistez sur ses difficultés d'intégration. Pensez à présenter les problèmes, causes et solutions de sa situation actuelle.

4 Migrer

Laurent Gaudé, *Eldorado* (2006)

Le roman *Eldorado* raconte un double voyage. D'une part, celui du commandant Salvatore Piracci. En charge depuis vingt ans de surveiller les côtes siciliennes, il décide un jour de donner un nouveau sens à sa vie en prenant le chemin inverse des migrants. D'autre part, celui de Soleiman, un jeune Soudanais qui, rempli de l'espoir de trouver une vie meilleure, décide de traverser la Méditerranée pour rejoindre l'Europe. Dans cet extrait, le commandant Piracci se rend au cimetière de Lampedusa pour retrouver le calme après une intervention en mer particulièrement difficile.

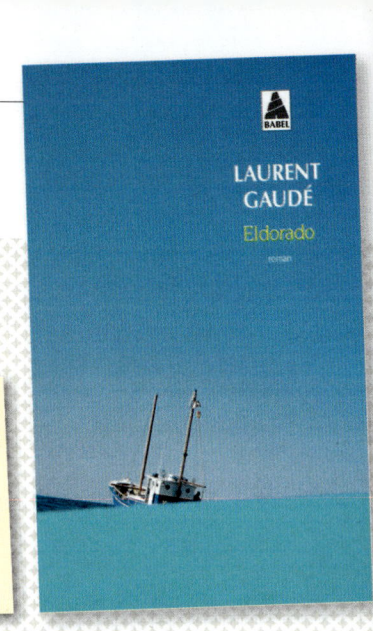

Lorsqu'il parvint au cimetière, il erra un peu, puis prit la direction d'une allée qui semblait abandonnée. [...] Il était face à un petit groupe de stèles[1] serrées les unes contre les autres. C'étaient des petits monticules[2] de terre, surmontés de croix en bois, plantées un peu de biais. Les croix ne portaient aucun nom – simplement une date. Le commandant connaissait l'histoire de ces tombes. C'étaient celles de premiers immigrants. Au début, les habitants de Lampedusa avaient vu arriver ces embarcations de misère avec stupeur. La mer leur apportait régulièrement des corps morts et ils en furent bouleversés. Ces hommes dont ils ne savaient rien, ni le nom, ni le pays, ni l'histoire, venaient s'échouer[3] chez eux et leur cadavre ne pourrait jamais être rendu à leur mère. Le curé de Lampedusa décida d'ensevelir[4] ces hommes comme il l'aurait fait avec ses paroissiens[5]. Il savait qu'ils étaient probablement musulmans, mais il planta des croix. Parce qu'il ne savait faire que cela. [...] Ces corps brisés par les vagues et déchirés par les rochers étaient accueillis de façon posthume[6] sur la vieille terre d'Europe. [...]

– C'est le cimetière de l'Eldorado, entendit-il.

Un homme se tenait à quelques pas derrière lui. Il ne l'avait pas entendu s'approcher. Salvatore Piracci le contempla avec surprise.

– C'est ainsi que je l'appelle, reprit l'inconnu. [..]

– L'herbe sera grasse, dit il, et les arbres chargés de fruits. De l'or coulera au fond des ruisseaux, et des carrières de diamants[7] à ciel ouvert réverbèreront les rayons du soleil. Les forêts frémiront de gibier et les lacs seront poissonneux. Tout sera doux là-bas. Et la vie passera comme une caresse. L'Eldorado, commandant. Ils l'avaient au fond des yeux. Ils l'ont voulu jusqu'à ce que leur embarcation se retourne. En cela, ils ont été plus riches que vous et moi. Nous avons le fond de l'œil sec, nous autres. Et nos vies sont lentes.

Sans que Salvatore Piracci ait pu rien répondre, le petit homme s'éloigna. [...] L'Eldorado. Oui. Il avait raison. Ces hommes-là avaient été assoiffés. Ils avaient connu la richesse de ceux qui ne renoncent pas. Qui rêvent toujours plus loin. Le commandant regarda autour de lui. La mer s'étendait à ses pieds avec son calme profond. L'Eldorado. [...]

Laurent Gaudé, *Eldorado*, Actes Sud, 2006.

---

1. une stèle : une tombe.
2. un monticule : petite bosse du terrain.
3. s'échouer : se jeter sur le sable de la plage.
4. ensevelir : enterrer.
5. un paroissien : fidèle d'une église de quartier ou de village.
6. posthume : qui suit après la mort de qqn.
7. une carrière : une mine.

Pour découvrir le texte

1. En quoi les tombes du « cimetière de l'Eldorado » sont-elles différentes des tombes d'un cimetière classique ?
2. Commentez les propos suivants de l'inconnu au sujet des migrants : « ils ont été plus riches que vous et moi » (l. 32).

Le petit +

À l'époque des conquistadors espagnols, l'Eldorado (de l'espagnol : *el dorado*, le doré) désigne un pays imaginaire en Amérique du Sud, où l'on pourrait facilement faire fortune grâce aux mines d'or et autres trésors précieux. Ce mythe a encouragé de nombreux jeunes à quitter leur pays pour tenter d'avoir une vie meilleure ailleurs. Aujourd'hui, l'expression décrit tout lieu, réel ou imaginaire, où la richesse et les plaisirs sont disponibles en grandes quantités.

Évasion

Fatou Diome, *Le Ventre de l'Atlantique* (2003)

Le Ventre de l'Atlantique est le premier roman de Fatou Diome. L'histoire de la narratrice, une jeune Sénégalaise émigrée en France, rappelle la vie de l'auteur. Dans ce passage, Salie se confronte aux illusions de son frère Madické qui rêve de la rejoindre en France.

Au paradis, on ne peine pas, on ne tombe pas malade, on ne pose pas de questions : on se contente de vivre, on a les moyens de s'offrir tout ce que l'on désire, y compris le luxe du temps, et cela rend forcément disponible. Voilà comment Madické imaginait ma vie en France. Il m'avait vue partir au bras d'un Français après de pompeuses noces[1] qui ne laissaient rien présager des bourrasques[2] à venir. Même informé de la tempête, il n'en mesurait pas les conséquences. Embarquée avec les masques, les statues, les cotonnades[3] teintes et un chat roux tigré, j'avais débarqué en France dans les bagages de mon mari, tout comme j'aurais pu atterrir avec lui dans la toundra[4] sibérienne. Mais une fois chez lui, ma peau ombragea l'idylle – les siens ne voulant que Blanche-Neige –, les noces furent éphémères et la galère tenace[5]. Seule – entourée de mes masques et non des sept nains –, décidée à ne pas rentrer la tête basse après un échec que beaucoup m'avaient joyeusement prédit, je m'entêtais à poursuivre mes études. J'avais beau dire à Madické que, femme de ménage, ma subsistance dépendait du nombre de serpillières que j'usais, il s'obstinait à m'imaginer repue[6], prenant mes aises[7] à la cour de Louis XIV. Habitué à gérer les carences[8] dans son pays sous-développé, il n'allait quand même pas plaindre une sœur installée dans l'une des plus grandes puissances mondiales ! Sa berlue[9], il n'y pouvait rien. Le tiers-monde ne peut voir les plaies de l'Europe, les siennes l'aveuglent ; il ne peut entendre son cri, le sien l'assourdit. Avoir un coupable atténue la souffrance, et si le tiers-monde se mettait à voir la misère de l'Occident, il perdrait la cible de ses invectives[10]. Pour Madické, vivre dans un pays développé représentait en soi un avantage démesuré que j'avais par rapport à lui, lui qui profitait de sa famille et du soleil sous les tropiques. Comment aurais-je pu lui faire comprendre la solitude de l'exil, mon combat pour la survie et l'état d'alerte permanent où me gardaient mes études ? N'étais-je pas la feignante qui avait choisi l'éden[11] européen et qui jouait à l'éternelle écolière à un âge où la plupart de mes camarades d'enfance cultivaient leur lopin de terre[12] et nourrissaient leur progéniture ?

Fatou Diome, *Le Ventre de l'Atlantique*, Anne Carrière, 2003.

---

1. de pompeuses noces : fête de mariage magnifique.
2. une bourrasque : une tempête.
3. une cotonnade : une étoffe de coton.
4. une toundra : plaine des pays froids.
5. tenace : dont on se débarrasse difficilement.
6. repu(e) : qui a suffisamment mangé.
7. prendre ses aises : s'installer confortablement.
8. une carence : un manque, p.ex de nourriture.
9. une berlue : une vision faussée, une illusion.
10. une invective : une insulte.
11. un éden : un paradis.
12. un lopin de terre : petit morceau de terrain.

Pour découvrir le texte
Relevez dans l'extrait les passages qui expriment la rancœur de Madické pour l'Occident. Puis, relevez ceux qui traduisent le mal du pays de la narratrice.

Développement personnel
Imaginez, qu'à la suite de cet extrait, la narratrice décide d'appeler son frère pour lui déconseiller de la rejoindre. Rédigez un dialogue d'au moins 20 répliques.

4 Migrer

Éric-Emmanuel Schmitt, *Ulysse from Bagdad* (2008)

> Saad veut quitter Bagdad et son chaos pour gagner l'Europe, la liberté, un avenir. Mais comment franchir les frontières sans un dinar en poche ? Voici le début de ce roman qui marque aussi le début du voyage de Saad.

Je m'appelle *Saad Saad*, ce qui signifie en arabe *Espoir Espoir* et en anglais *Triste Triste* ; au fil des semaines, parfois d'une heure à la suivante, voire dans l'explosion d'une seconde, ma vérité glisse de l'arabe à l'anglais ; selon
5 que je me sens optimiste ou misérable, je deviens Saad l'Espoir ou Saad le Triste.

À la loterie de la naissance, on tire de bons, de mauvais numéros. Quand on atterrit en Amérique, en Europe, au Japon, on se pose et c'est fini : on naît une fois pour toutes,
10 nul besoin de recommencer. Tandis que lorsqu'on voit le jour en Afrique ou au Moyen-Orient...

Souvent je rêve d'avoir été avant d'être, je rêve que j'assiste aux minutes précédant ma conception : alors je corrige, je guide la roue qui brassait les cellules, les molécules, les
15 gènes, je la dévie afin d'en modifier le résultat. Pas pour me rendre différent. Non. Juste éclore ailleurs. Autre ville, pays distinct. Même ventre certes, les entrailles de cette mère que j'adore, mais ventre qui me dépose sur un sol où je peux croître, et pas au fond d'un trou dont je dois, vingt
20 ans plus tard, m'extirper.

Je m'appelle *Saad Saad*, ce qui signifie en arabe *Espoir Espoir* et en anglais *Triste Triste* ; j'aurais voulu m'en tenir à ma version arabe, aux promesses fleuries que ce nom dessinait au ciel ; j'aurais souhaité, l'orgueil comme unique
25 sève, pousser, m'élever, expirer à la place où j'étais apparu, tel un arbre, épanoui au milieu des siens puis prodiguant des rejets à son tour, ayant accompli son voyage immobile dans le temps ; j'aurais été ravi de partager l'illusion des gens heureux, croire qu'ils occupent le plus beau site
30 du monde sans qu'aucune excursion ne les ait autorisés à entamer une comparaison ; or cette béatitude m'a été arrachée par la guerre, la dictature, le chaos, des milliers de souffrances, trop de morts.

[...]

35 Je m'appelle *Saad Saad*, ce qui signifie en arabe *Espoir Espoir* et en anglais *Triste Triste*. Parfois je suis Saad l'Espoir, parfois Saad le Triste, même si, aux yeux du plus grand nombre, je ne suis rien.

Au terme de ce voyage, au début d'un nouveau, j'écris
40 ces pages pour me disculper. Né quelque part où il ne fallait pas, j'ai voulu en partir ; réclamant le statut de réfugié, j'ai dégringolé d'identité en identité, migrant, mendiant, illégal, sans-papiers, sans-droits, sans-travail ; le seul vocable qui me définit désormais est clandestin.
45 Parasite m'épargnerait. Profiteur aussi. Escroc encore plus. Non, clandestin. Je n'appartiens à aucune nation, ni au pays que j'ai fui ni au pays que je désire rejoindre, encore moins aux pays que je traverse. Clandestin. Juste clandestin. Bienvenu nulle part. Étranger partout.

Éric-Emmanuel Schmitt, *Ulysse from Bagdad*, Albin Michel, 2008, « J'ai lu », 2010.

Pour découvrir le texte

1. Expliquez la pensée de Saad quand il dit : « Tandis que lorsqu'on voit le jour en Afrique ou au Moyen-Orient... » (l. 10-11).
2. Pourquoi, dans le dernier paragraphe, Saad a-t-il l'impression de n'être « rien » ?

Le petit +

Dans l'*Odyssée*, récit légendaire de l'Antiquité grecque, Homère raconte le retour d'Ulysse, roi d'Ithaque. Au cours d'un voyage d'une dizaine d'années sur les mers, le héros doit surmonter de nombreux obstacles dont il sort grandi. On parle de voyage initiatique qui transforme le jeune voyageur en adulte.

J.W. Waterhouse, *Ulysse et les sirènes*, 1891, National Gallery of Victoria, Melbourne.

Évasion

Guy Rewenig, *Comment blanchir les bêtes noires sans les faire rougir* (2017)

L'œuvre de l'auteur luxembourgeois Guy Rewenig est multiple : il écrit aussi bien des récits que des poèmes, des pièces de théâtre que des histoires pour enfants, en allemand, en français et en luxembourgeois. Connu pour son sens de l'ironie, Guy Rewenig s'intéresse dans ses ouvrages à des questions actuelles de société, telles que l'immigration. Dans ce roman, écrit sous forme de lettre adressée au ministre des Affaires Étrangères, le narrateur Mwayé raconte, avec beaucoup d'humour, ses tentatives pour se familiariser avec les habitudes des Luxembourgeois et s'intégrer dans la société. Grâce à l'aide de Monsieur Pierre, un ancien bibliothécaire à la retraite.

En 2017, le texte est monté sur scène au Théâtre National de Luxembourg, comme « exploration satirique des étonnantes particularités luxembourgeoises ».

Dès son troisième apéro, Monsieur Pierre devient pathétique. Il dit : Il faut aimer son pays, Moié. Verstees de ? Je dis : Oui, oui, Monsieur Pierre, je veux bien comprendre, mais j'ai une question. Quand tu aimes ton pays, tu aimes quoi au juste ? Il dit : Mais tout, absolument tout, la totalité, verstees de ? Je dis : Est-ce que tu aimes par exemple les friches[1] industrielles aux sols complètement contaminés ? Ou les embouteillages monstres sur les autoroutes ? Ou l'interminable défilé de pots d'échappement dans la Ville ? Ou les ennuyeuses cités-dortoirs[2] aux innombrables résidences d'une laideur exemplaire ? Ou les cafetiers qui emploient des esclaves importés d'Afrique ?

Il dit : Pourquoi entrer dans les détails, Moié ? Un pays est un pays, il faut l'aimer tel qu'il est. En bloc, si tu veux. Parce que ton pays est ta patrie. Je dis : Ah non, la patrie, c'est autre chose. La patrie n'a rien à voir avec un pays. Il dit : Wéi soll ech dat do verstoen ? Je dis : Ma patrie, c'est d'abord Consolatrice[3] . Quand je suis avec elle, j'ai toujours des sentiments extrêmement patriotiques. Ma partie, c'est les arbres et les fleurs, les chats, les merles, les sauterelles et les escargots, les nuages et les fleuves, le soleil, le vent et la pluie, enfin, tout ce que je partage avec Consolatrice qui, elle, est la raison profonde de mon patriotisme. Il dit : Et muss een dat philosophesch kucken. Je dis : C'est dur, car dans un pays il y a peu de philosophie et beaucoup de merde. Il dit : Wann s de gär Lëtzebuerger gëss, da muss de d'Lëtzebuerger Land an dengem Häerz droen. Je dis : Mon cœur est déjà très vulnérable[4] , je ne crois pas qu'il supporterait le poids terrible d'un pays entier. Il dit : Wëlls d'en Apéro, Moié ?

Guy Rewenig, *Comment blanchir les bêtes noires sans les faire rougir*, Luxembourg, Éditions Guy Binsfeld, 2017.

---

1. une friche : un terrain abandonné.
2. une cité-dortoir : quartier, en périphérie de la ville, essentiellement destiné au logement.
3. Consolatrice est la petite-amie du narrateur.
4. vulnérable : fragile.

Pour découvrir le texte
Quelle image du Luxembourg est donnée dans cet extrait ? Justifiez votre réponse par des éléments précis du texte.

Parlons-en !
Êtes-vous d'accord avec la distinction que fait Mwayé entre son pays et sa patrie ?

4 Migrer — Libre cours

Que ce soit par le théâtre ou la chanson, les artistes tendent souvent un miroir critique à la société dans laquelle ils vivent. Voici deux créations qui dressent le portrait du Luxembourg, pays multiculturel.

Nico Helminger, *now here & nowhere* (2007)

Écrite en quatre langues (allemand, anglais, français et luxembourgeois), la pièce interroge les relations ambiguës que le Luxembourg entretient avec les étrangers qui désirent s'y installer. La pièce s'ouvre sur les paroles échangées dans la salle d'attente, probablement du service des étrangers.

da stehn sie schlange
nein, sie sitzen
welche stehn auch
ja, einige stehn, mit nummern
5 sie haben alle kleine zettel mit nummern und werden aufgerufen
keen sou e gedrécks, dat geet hei net, mer sinn hei net an der tierkei !
quatre-vingt-dix-sept
die mauer ist gelb. das fenster ist aus milchglas. über ihnen hängt ein bild des grossherzogs. der grossherzog lächelt sein grossherzoglich ernstes lächeln. draussen ist milchglas.
10 quatre-vingt-dix-huit
j'ai une histoire à raconter. ils ne me croient pas. que voulez-vous que j'invente ?! tout ce qu'on invente n'est rien comparé à ce qu'on a vécu.
dir musst iech d'éischt eng nummer huelen. eng nummer. eine nummer. un numéro ! uno numero ! unos numeros ! a number ! ENG NUMMER !
15 da steht eine frau auf und fängt plötzlich an zu singen. […]
wat geet déi un, hei ze sangen !
déi ass geckeg. […]
madamm, dëst ass keng bühn.
cette chanson, je la connais. je ne l'ai jamais entendue, mais je la connais. elle parle d'un pays
20 lointain, d'un paysage qu'on ne reverra plus, parce qu'il a changé, parce que ceux qu'on y a connus sont morts, parce que le soleil n'est plus le même, elle parle d'une histoire d'amour aussi, de la force de l'amour dans un pays en guerre, d'une déchirure…
quatre-vingt-dix-huit pour la dernière fois !
das ass bal wéi op enger stee !
25 jetzt hat sie aufgehört. alles ist still. die frau hat grosse graue augen in einem grauen gesicht.
dat geet net ! där kënnt hei net zodi maachen !

Nico Helminger, *now here & nowhere*, Esch-sur-Alzette, PHI, 2007.

Pour découvrir la pièce
1. Imaginez les personnages de cette scène qui s'expriment chacun dans sa langue.
2. Répartissez-vous les rôles et interprétez la scène.

Serge Tonnar, « Mir wëllen iech ons Heemecht weisen » (2010)

De Feierwon deen ass bereet
E päift duerch d'Loft a fort e geet
Am Dauschen iwwert d'Stross vun Eisen
A voll mat Leit déi se doheem ofweisen
5 An nach hu mir de Wee net fonnt
Zum éiweg grousse Vëlkerbond

10 A mir hu keng schwéier Laascht ze droen
Fir eise Staatswon dunn ze goen
Keng Steiere kommen eis erdrécken
Keen Zwang de fräie Geescht erstécken
Mir maache spuersam eise Stot
Kee Bierger a kee Bauer klot

Refrain
Musst Dir Iech heemlech iwwert d'Grenzen schleisen
15 Eist kléngt Land kann elo Gréisst beweisen
Well mir iech net ofweisen mee mir wëller iech ons Heemecht weisen

Pour découvrir la chanson
1. Comparez les paroles de Serge Tonnar à celles de Michel Lenz dans « De Feierwon ».
2. Pourquoi, selon vous, le chanteur s'est-il inspiré de ce chant du patrimoine culturel luxembourgeois ?

Leçon 5 — Penser juste

Au cours de cette leçon, nous allons :

réfléchir à nos **valeurs**

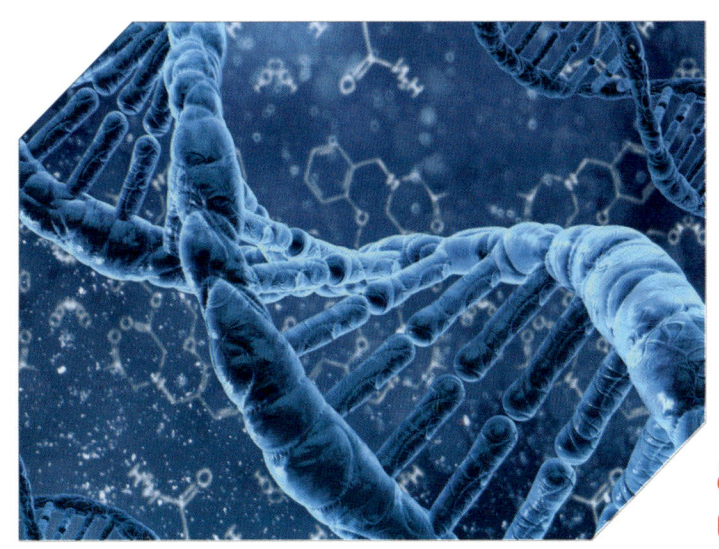

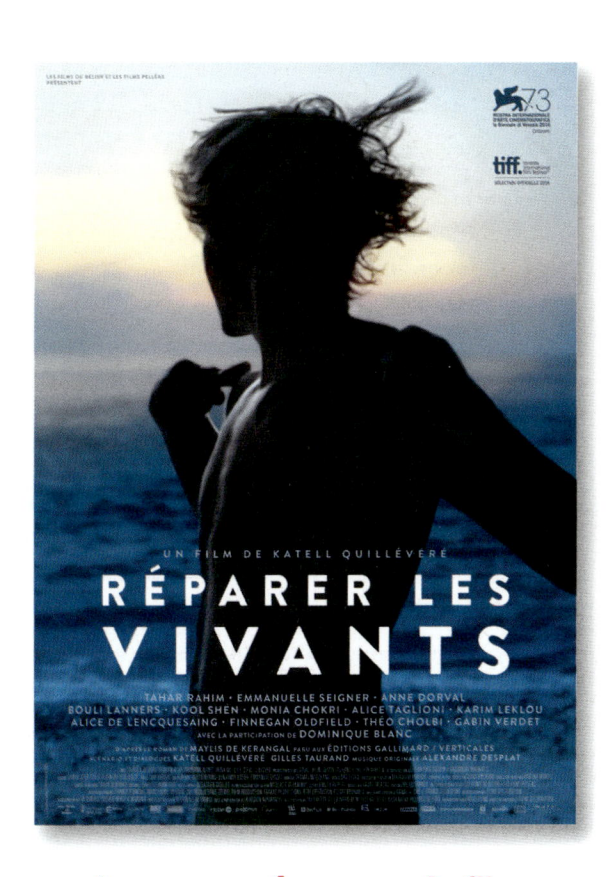

analyser une **séquence de film**

aborder différents sujets de société **d'un point de vue éthique**

5 Penser juste

Lecture de l'image

Commentez l'image ci-contre.

Dans quelle mesure cette image pose-t-elle des problèmes d'éthique ?

Pour vous aider à répondre, voici la définition que le dictionnaire donne du mot « éthique » :

« Ensemble des principes moraux qui sont à la base de la conduite de quelqu'un. »

© Michael Wolf

Vu d'ici

« RETHINK YOUR CLOTHES » : UNE CAMPAGNE DE SENSIBILISATION SUR L'INDUSTRIE TEXTILE MONDIALE

60 millions de personnes sont employées dans le secteur du textile à travers le monde, la majorité en Asie, où des femmes et des enfants travaillent dans des conditions inhumaines.

Et pour bien peu d'argent. C'est pour sensibiliser sur le sujet qu'a été lancée par le ministère de la Coopération, en collaboration avec les organisations non-gouvernementales *Fairtrade* et *Caritas*, la campagne « Rethink your Clothes ». Elle s'adresse aux professionnels du secteur et aux consommateurs avec pour objectif une consommation plus responsable et plus durable dans le secteur de l'habillement.

Les entreprises asiatiques produisent environ 11 000 jeans par jour. Il s'agit d'entreprises où les employés travaillent plus de sept jours sur sept tout en ayant peu de pauses et pour un salaire très bas. C'est de l'esclavage moderne, selon le président de *Fairtrade Luxembourg*, Jean-Louis Zeien. Il serait vraiment temps de faire attention à ces gens qui sont au tout début de la chaîne. Jean-Louis Zeien souligne que dans un pays comme le Bangladesh, le salaire minimum[1] devrait être cinq fois plus élevé que ce qu'il est.

C'est avant tout dans la production de vêtements que les normes internationales devraient être respectées dans les pays concernés, poursuit Jean-Louis Zeien. Il faudrait rapprocher les consommateurs luxembourgeois des vêtements alternatifs et écologiques. Ce ne sont pas les consommateurs qui sont les « *fashion victims* », mais bien ceux qui vivent à l'autre bout du monde et qui produisent les vêtements. Il avait été question d'une situation *win-win*[2], qui aurait signifié de bons vêtements pas chers pour nous et un bon travail pour les gens là-bas. Cela ne s'est pas réalisé, voilà pourquoi on veut changer quelque chose maintenant. [...]

Le ministre de la Coopération, Romain Schneider, en appelle à la conscience des professionnels du secteur, mais aussi à la conscience des consommateurs. Il faudrait en arriver au point où un prix équitable[3] et un salaire équitable[4] pourraient se négocier.

www.5minutes.rtl.lu, 27/03/2018.

---

1. un salaire minimum : montant minimum légal qu'un employeur doit verser.

2. win-win : gagnant-gagnant.

3. un prix équitable : prix qui permet aux producteurs de couvrir les frais de production et de vivre dans des conditions dignes.

4. un salaire équitable : salaire qui permet aux employés de vivre dans des conditions dignes.

Interactions

Ça fait l'actu !

Charte d'éthique professionnelle des journalistes

En France, la charte d'éthique professionnelle des journalistes a été publiée par le Syndicat National des Journalistes (SNJ) en 1918. Sa dernière mise à jour date de 2011. Cette charte dicte les principes et les règles éthiques que chaque journaliste est censé respecter.

Règles et devoirs du journalisme

Publier
... des informations exactes et donc vérifiées.

Séparer
... les faits des opinions.

Ne jamais fausser
... des informations, le contenu des images, des photos, des vidéos.

Ne jamais plagier
... toujours citer les sources d'informations.

Ne pas confondre
... informer et faire de la publicité.

Respecter
... la vie privée.

Refuser
... les cadeaux en échanges d'un texte positif.

Respecter
... la présomption d'innocence.

Garder
... le secret professionnel pour protéger ses sources.

Rectifier
... toute information publiée qui se révèle fausse.

Lecture du dossier

La classe se partage les 2 documents. Chaque document aborde le sujet de l'éthique sous un angle différent. Dégagez les idées principales, puis réalisez les tâches proposées. Partagez vos réponses avec vos camarades.

1. « Rethink your clothes »

– Pourquoi le secteur de textile en Asie est-il qualifié d'« esclavage moderne » (l. 16) ?

– Expliquez le jeu de mots dans l'expression « *fashion victims* » (l.29).

2. Charte d'éthique professionnelle des journalistes

– Quel est, selon vous, le point le plus important de cette charte ? Pourquoi ?

– À l'aide d'exemples récents, montrez pourquoi cette charte est importante.

5 Penser juste

POUR UNE BIOÉTHIQUE POLITISÉE[1]

Alors que les États généraux de la bioéthique[2] sont officiellement lancés, il est peut-être utile de se demander ce que nous voulons en faire. S'agit-il seulement, comme on l'entend souvent, de faire le tri, parmi les activités et les innovations touchant au vivant, entre celles qu'on autorise et celles qu'on interdit ? S'agit-il au contraire pour la société de saisir cette occasion de débat pour penser son propre fonctionnement, autrement dit de se donner une finalité véritablement politique ? […]

[Prenons] l'exemple de la Gestation Pour Autrui (GPA[3]). Ce qui heurte[4], ce n'est pas seulement l'acte lui-même de porter le futur enfant d'autres personnes ; ce ne sont pas non plus les impacts psychologiques sur la mère porteuse et les risques qu'elle prend pour sa santé. […] Le « choc éthique » ne vient pas non plus du fait que la GPA reste, là où elle est autorisée, une pratique de personnes favorisées. Rares sont ceux qui condamnent moralement la chirurgie esthétique ou la pratique du golf.

Le problème vient surtout du lien entre niveau de vie et prise de risque. Ce qui inquiète, dans ce cas comme dans d'autres, c'est la vision d'une société mondiale où les plus pauvres seraient appelés à porter les enfants des plus riches, autrement dit où les riches vivront d'autant plus que les pauvres vivront moins. Une perspective que laisse envisager la réalité présente des inégalités sociales de santé croissantes, la corrélation[5] étroite entre catégorie socio-professionnelle et espérance de vie aux niveaux nationaux et mondial.

Prenons un autre exemple : le développement de la médecine dite « prédictive[6] ». Ce qui nous inquiète ici, c'est le sort qui pourrait être réservé à ceux auxquels les présages[7] génétiques n'annonceraient rien de bon ou à ceux qui refuseraient de se soumettre à des tests génétiques. Seront-ils moins bien assurés, moins bien logés, trouveront-ils un emploi aisément ? […] Ce n'est pas la question du droit de savoir et de ne pas savoir, […], qui crée du débat. […]

PMA[8], GPA, intelligence artificielle, médecine prédictive : les débats posés […] sont en ce sens les parties visibles d'immenses icebergs. Parce qu'elles touchent au vivant, c'est en elles que se concentrent, provisoirement, des conflits de valeurs, d'intérêts et de pouvoirs. Elles pourraient être à ce titre d'excellentes occasions de poser en des termes concrets des problèmes plus globaux et plus profonds.

Paul-Loup Weil-Dubuc, www.la-croix.com, 19/04/2018.

---

1. politisé : qui a un rôle politique.
2. Au printemps 2018 ont eu lieu les États généraux sur la bioéthique en France. Des citoyens et des spécialistes se sont réunis pour discuter de ces sujets d'actualité en vue de la nouvelle loi prévue pour la fin 2018.
3. la gestation pour autrui (GPA) : le fait de porter un enfant pour une autre femme ; une mère porteuse.
4. heurter : choquer.
5. une corrélation : un lien.
6. médecine prédictive : qui permet de déterminer les prédispositions à certaines maladies.
7. un présage : un pronostic ; *eine Voraussage*.
8. la procréation médicalement assistée (PMA) : ensemble des pratiques médicales pour permettre à un couple infertile d'avoir un enfant.

▶ Enrichissement lexical

Expliquez dans le contexte de l'article les expressions suivantes :
1. « toucher au vivant » (l. 5-6)
2. « une finalité politique » (l. 10)
3. « les parties visibles d'immenses icebergs » (l. 29-30)

▶ Compréhension de texte

À l'aide des éléments du texte, répondez de manière concise aux questions suivantes. Veillez à utiliser vos propres mots.
1. Quel « choc éthique » l'auteur craint-il dans l'évolution actuelle de la bioéthique ?
2. Quel impact la médecine prédictive peut-elle avoir sur la vie d'un patient ?

QU'EST-CE QUE LA BIOÉTHIQUE ?

Définition : Étude des problèmes moraux soulevés par la recherche biologique, médicale ou génétique et certaines de ses applications.

Contexte : Les avancées de la biologie, de la médecine et de la génétique posent un certain nombre de problèmes moraux pour concilier[1] le respect dû à la personne humaine avec le progrès scientifique. Parmi les sujets qui suscitent des débats et nécessitent une réflexion morale figurent notamment la procréation médicalement assistée (PMA), le clonage, le diagnostic génétique fœtal en cours de grossesse (diagnostic prénatal) ou en éprouvette[2], sur des œufs fécondés in vitro (diagnostic préimplantatoire), le statut de l'embryon, les prélèvements d'organes, l'acharnement thérapeutique[3] et l'euthanasie.

(www.larousse.fr)

---

1. concilier : mettre en accord.
2. une éprouvette : tube allongé employé dans les expériences de laboratoire.
3. l'acharnement thérapeutique : emploi systématique de tous les moyens pour maintenir en vie un malade condamné.

▶ Parlons-en !

• Parmi les sujets cités, lesquels vous sont connus ?
Expliquez-les à vos camarades.
• Faites une recherche sur Internet pour vous informer sur les autres sujets cités.

5 Penser juste

Le système de valeurs

avoir des valeurs morales	
prendre conscience de ses valeurs	
défendre, transmettre ses valeurs	
être en accord avec soi-même	
l'honnêteté	
la loyauté	
le courage	
le respect	
la tolérance	

1 Par deux, rédigez une définition des notions suivantes.
Recherchez les mots dans un dictionnaire pour enrichir vos explications.

a. la bienveillance

b. l'altruisme

c. l'intégrité

d. la persévérance

e. l'humilité

À vous !

Quelles valeurs les jeunes d'aujourd'hui défendent-ils ?
1. Ciblez cinq jeunes de votre entourage et de votre groupe d'âge.
2. Demandez-leur de citer et de classer les trois valeurs qu'ils jugent être les plus importantes.
3. Demandez-leur d'expliquer leur choix.
4. Faites une mise en commun en classe. Les résultats de vos sondages vous surprennent-ils ou, au contraire, vous y attendiez-vous ? Discutez-en en classe.

Ressources

Quand nous pensons à nos valeurs, nous pensons à ce qui nous semble important dans la vie. Chacun de nous accorde des degrés d'importance divers à certaines valeurs. Une valeur particulière peut être très importante pour une personne et sans importance pour une autre.

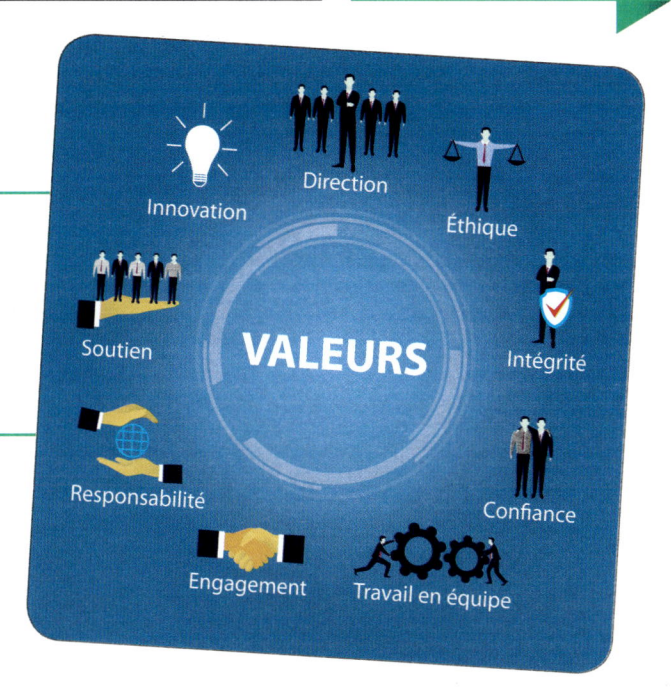

L'éthique dans le sport

Voici un extrait de l'article premier du code éthique du CIO (Comité International Olympique). Le respect des principes éthiques fondamentaux universels est le fondement de l'Olympisme. Parmi ceux-ci figurent :

1.1 Le respect de l'esprit olympique, qui exige la compréhension mutuelle, l'esprit d'amitié, de solidarité et du fair-play ;

1.2 Le respect du principe d'universalité[1] et de neutralité politique du Mouvement Olympique ;

[...]

1.4 Le respect des conventions[2] internationales de protection des droits de l'homme en ce qu'elles sont applicables aux activités des Jeux Olympiques et qui assurent notamment :
– la sauvegarde de la dignité de la personne ;
– le rejet de toute forme de discrimination, quelle qu'en soit la raison, notamment en raison de la race, la couleur, le sexe, l'orientation sexuelle, la langue, la religion, les opinions politiques ou autres, l'origine nationale ou sociale, la fortune, la naissance ou toute autre situation ;
– le rejet de toute forme de harcèlement, physique, professionnel ou sexuel, et de toutes pratiques attentatoires[3] à l'intégrité physique ou intellectuelle.

1.5 La sauvegarde des conditions de sécurité, de bien-être des participants et de soins médicaux favorables à leur équilibre physique et moral.

© Comité International Olympique – Tous droits réservés.

---
1. l'universalité : caractère de ce qui concerne la totalité des hommes.
2. une convention : un accord.
3. attentatoire : nuisible.

Parlons-en !

Discutez en classe des principes éthiques ci-dessus.
Lesquels vous semblent être les plus importants ?
Y a-t-il des points que vous aimeriez encore ajouter ? Pourquoi ?

5 Penser juste

Le dopage

avoir recours à des méthodes interdites	
chercher à améliorer ses performances	
utiliser des stéroïdes anabolisants	
subir les effets secondaires du dopage	
provoquer des maladies cardiovasculaires	
augmenter sa force et sa puissance	
se soumettre à un contrôle de dopage	
fausser les résultats	
lutter contre le dopage	

Le dopage

Le dopage, qu'est-ce que c'est ?
Se doper, c'est avoir recours à des produits, souvent des médicaments, ou à des procédés interdits pour augmenter sa résistance ou sa force. Les sportifs qui se dopent ont évidemment plus de chances de gagner. Mais c'est tricher. C'est donc interdit par la loi.

Quels sont les sports les plus touchés ?
Il y a eu beaucoup de cas de dopage dans le cyclisme. Néanmoins, il y a en a eu aussi beaucoup en athlétisme, en natation, dans le ski de fond et le rugby. Bref, tous les sports peuvent en être touchés. Parfois des équipes entières trichent avec la complicité d'un médecin, d'un entraîneur ou d'un manager.

Comment les sportifs sont-ils contrôlés ?
Il existe une liste des substances et méthodes interdites dans le sport qui est régulièrement mise à jour par l'Agence mondiale antidopage (AMA). Les athlètes de haut niveau peuvent être contrôlés à n'importe quel moment de l'année même à domicile en dehors des compétitions. Les médecins analysent l'urine ou le sang des sportifs pour voir s'ils contiennent des traces de substances illicites.

Un sportif dopé peut-il ne pas se faire prendre ?
Oui. Certains ont recours à des substances qui cachent la présence de produits dopants dans l'organisme. Et il existe des produits que les plus grands spécialistes n'arrivent pas encore à détecter, qui passent donc inaperçus.

Les animaux aussi peuvent-ils être dopés ?
Oui, comme les chevaux de course et les chiens en traîneau sont souvent dopés, des contrôles anti-dopage sont réalisés régulièrement, surtout lors des grandes compétitions équestres et canines.

Est-ce dangereux pour la santé ?
Cela dépend des produits pris. Certains sont très dangereux ; ils augmentent le risque d'arrêt cardiaque et favorisent l'apparition de certains cancers.

La bioéthique

✎ À vos stylos !

Voici deux exemples de pratiques qui interrogent l'éthique en médecine.
Lisez ces deux textes.
Quelle est la différence entre clonage reproductif et clonage thérapeutique ?
Donnez votre avis sur le sujet.
Organisez vos idées et soignez l'expression.

1. LE CLONAGE : REPRODUCTION OU MÉDICAMENT ?

Comment Barbra Streisand a-t-elle fait cloner son chien ?
Elle a joué dans *Hello, Dolly*, mais cela n'avait rien à voir avec la célèbre brebis clonée[1]. La chanteuse et actrice américaine Barbra Streisand a révélé dans un entretien accordé au magazine *Variety* que deux de ses trois chiens nommés Miss Violet et Miss Scarlett sont en réalité des clones de Samantha, son Coton de Tuléar décédé en 2017. « Avant que Samantha ne meure, Barbra Streisand a prélevé des cellules et son estomac », indique *Variety*.

Mais comment fonctionne ce type de clonage exactement ?
ViaGen Pets, l'entreprise qui a permis la naissance de Miss Violet et de Miss Scarlett moyennant plusieurs milliers de dollars, explique sur son site web que tout commence par une simple biopsie[2] alors que l'animal chéri est encore en vie. [...] L'échantillon est ensuite envoyé à ViaGen Pets qui cultive des cellules à partir de cet échantillon : « Ces cellules sont ensuite congelées afin de pouvoir les préserver », explique le laboratoire. Lorsque les propriétaires du chien décident de franchir le pas, l'entreprise récupère une cellule œuf (ovocyte) d'une chienne « donneuse » puis retire son noyau, qui contient tout le matériel génétique nécessaire au développement d'un chien. Ensuite, ils placent l'ADN[3] de l'animal à cloner dans cette « coquille vide ». Puis, la cellule subit des chocs électriques, ce qui enclenche sa division. Et l'embryon est transféré dans l'utérus d'une chienne porteuse. Le reste de la gestation se déroule ensuite naturellement.

Pour Peta, mieux vaut adopter un chien.
Le clonage des animaux de compagnie est loin de faire l'unanimité. L'association de protection des animaux Peta a ainsi vivement critiqué le choix de la chanteuse américaine. Dans un communiqué, elle assure que « la personnalité d'un animal, ses singularités et son caractère unique ne peuvent tout simplement pas être reproduits ». « Rappelons également que des millions de chiens languissent dans les refuges ou meurent de manières terrifiantes lorsqu'ils sont abandonnés et que le clonage ne fait qu'ajouter à ce problème », déplore Peta [...].

Anne-Sophie Tassart, www.sciencesetavenir.fr, 05/03/2018.

---

1. La brebis Dolly est le premier mammifère cloné de l'histoire. Née à Edimbourg en 1996, elle est morte en 2003.
2. une biopsie : prélèvement d'une très petite partie d'un organe ou d'un tissu.
3. ADN : molécule support de l'information génétique héréditaire.

5 Penser juste

2. LE PREMIER « BÉBÉ-MÉDICAMENT » FRANÇAIS

En turc, Umut-Talha signifie «notre espoir». [...] En effet, quelques mois après sa naissance le 26 janvier 2011, [Umut-Talha] a permis, par le biais des cellules de son cordon ombilical, de sauver sa sœur Asya, atteinte d'une maladie génétique sévère. [...] Asya [devait] avoir recours à une transfusion sanguine toutes les 3 à 4 semaines afin de
5 rester en vie. Pour guérir définitivement, la seule solution est de recevoir une greffe de cellules souches[1] pouvant induire la production de bonnes cellules sanguines. [...]

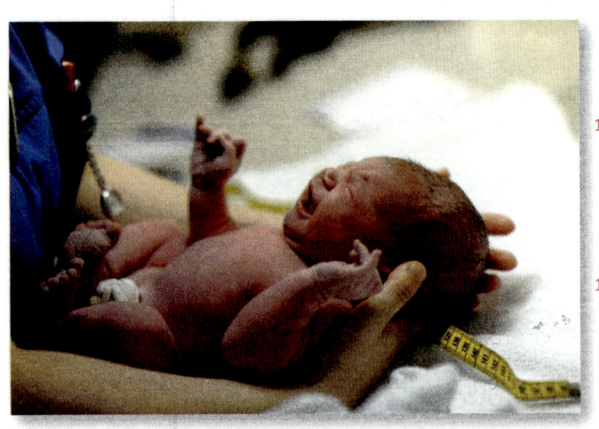

En 2010, alors qu'Asya est âgée de 3 ans, ses parents s'aperçoivent qu'elle n'est compatible avec aucune des cellules souches de la banque publique de cordons
10 ombilicaux. Ils se tournent vers le professeur René Frydman, le gynécologue-obstétricien à l'origine de la première naissance par fécondation *in vitro* en 1982 en France. Celui-ci leur propose de « fabriquer » eux-mêmes ces cellules souches indispensables en
15 concevant un nouvel enfant, indemne de la maladie. [...] Débute alors le long parcours qui a mené à la naissance d'Umut. Plusieurs embryons ont d'abord été conçus en éprouvette (fécondation *in vitro*) avant d'être minutieusement analysés pour vérifier qu'ils
20 ne portaient pas la maladie et qu'une compatibilité tissulaire[2] avec Asya existait. Ce procédé est connu sous le nom de diagnostic pré-implantatoire (DPI). Finalement, deux embryons indemnes[3] ont été réimplantés dans l'utérus de la maman.

Le bébé qui naît de cet amour en éprouvette est indemne de la maladie. Huit mois après sa naissance, sa sœur reçoit en cadeau les précieuses cellules souches, qui lui ont
25 permis d'éliminer en quelques mois les cellules malades. Aujourd'hui, Asya ne retourne à l'hôpital qu'une seule fois par an, pour un simple contrôle. Par contre, leur frère aîné Mehmet, également touché par cette maladie, n'a pas eu cette chance puisqu'aucun des embryons en bonne santé ne pouvaient lui convenir.

Autorisé depuis 1994 par la loi de bioéthique, le diagnostic pré-implantatoire (DPI) est
30 essentiellement utilisé en France pour mettre en évidence la présence chez l'embryon d'anomalies génétiques responsables de graves pathologies [...]. Ce n'est que depuis 2004 que cette technique peut être utilisée pour soigner un membre d'une fratrie, comme dans le cas d'Umut et d'Asya. Ce procédé soulève néanmoins de nombreuses interrogations éthiques, tant dans le monde médical, que politique ou religieux.

Cécile Thibert, www.sante.lefigaro.fr, 26/01/2016.

---

1. Les cellules souches n'ont pas de rôles spécifiques. Elles peuvent être utilisées pour remplacer d'autres cellules, notamment pour réparer des organes.
2. la compatibilité tissulaire : similitude entre les tissus (cellules) du donneur et du receveur.
3. indemne : *ici* en bonne santé.

> ▶ **Enrichissement lexical**
>
> Expliquez dans le contexte de l'article les expressions suivantes :
> 1. « l'amour en éprouvette » (l. 23)
> 2. « de nombreuses interrogations éthiques » (l. 33-34)

L'euthanasie

QU'EST-CE QUE L'EUTHANASIE ?

Définition : Acte consistant à ménager une mort sans souffrance à un malade atteint d'une affection incurable entraînant des douleurs intolérables.

Contexte : Certains pays (Belgique, Pays-Bas) autorisent l'euthanasie, mais la plupart la considèrent comme un crime [...]. Dans l'état actuel des différentes législations, il est bien difficile de dire si l'accord, ou la demande, préalable du malade [...] facilite ou non la décision médicale.

Les progrès de la médecine ont donné naissance au problème de l'euthanasie passive (pour des patients en coma dépassé maintenus artificiellement en vie) ; décider d'interrompre une réanimation est une responsabilité souvent difficile à assumer et nécessite une concertation entre famille et médecin afin d'adopter la meilleure attitude.

Éric Chaverou, www.franceculture.fr, 22/0/2016.

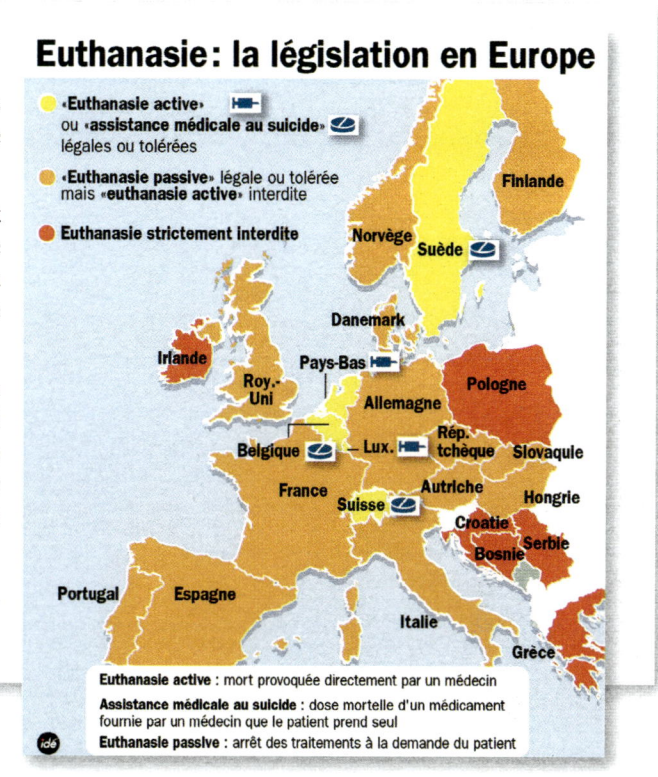

Euthanasie : la législation en Europe

- **« Euthanasie active »** ou **« assistance médicale au suicide »** légales ou tolérées
- **« Euthanasie passive »** légale ou tolérée mais **« euthanasie active »** interdite
- **Euthanasie strictement interdite**

Euthanasie active : mort provoquée directement par un médecin
Assistance médicale au suicide : dose mortelle d'un médicament fournie par un médecin que le patient prend seul
Euthanasie passive : arrêt des traitements à la demande du patient

L'euthanasie

abréger les souffrances	
arrêter les traitements	
bénéficier de soins palliatifs	
être plongé(e) dans le coma	
débrancher les machines	
refuser l'acharnement thérapeutique	
mettre fin à l'agonie	
mourir dans la dignité	

Lecture de l'image
Commentez le dessin ci-contre.

5 Penser juste

Interpréter un extrait de film

Mémo lexical

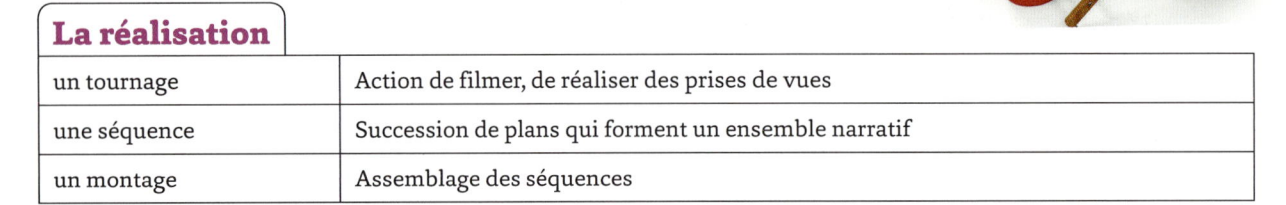

La réalisation

un tournage	Action de filmer, de réaliser des prises de vues
une séquence	Succession de plans qui forment un ensemble narratif
un montage	Assemblage des séquences

L'échelle des plans

un gros plan	Le personnage est filmé pour mettre en évidence son visage et son regard.
un plan américain	Le personnage est filmé de trois-quarts, à partir des cuisses.
un plan de détail	Un détail très important (une clé, une arme …) est filmé de très près.

Le mouvement de la caméra

un plan fixe	Absence de mouvement de caméra
un plan panoramique	La caméra tourne autour d'elle-même pour donner une vision d'ensemble.
un zoom	Effet qui donne une impression de mouvement de la caméra vers l'arrière ou l'avant.
un travelling	Mouvement de la caméra qui s'éloigne ou se rapproche du sujet donné.

Le montage

un contrechamp	Prise de vue faite dans le sens opposé à celui du plan précédent.
un hors-champ	Tout ce qui est situé en dehors du champ de la caméra.
un flash-back	Retour en arrière sur un moment antérieur à l'action représentée.
une ellipse	Ce qui laisse imaginer au spectateur ce qui s'est passé entre deux scènes.

Analyser une séquence

1 Quoi ?
Après un bref résumé du film, situez l'extrait dans le cours de l'histoire. Décrivez les actions et les thèmes abordés. Expliquez pourquoi il s'agit d'un moment important du film.

2 Qui ?
Faites un court portrait du personnage principal présent dans la séquence.

3 Comment ?
Comment les scènes sont-elles filmées ? Quel rôle la musique joue-t-elle ? Les dialogues sont-ils importants ?

4 Pourquoi ?
Quelles émotions sont provoquées ? Quel sens le réalisateur a-t-il voulu donner à cette séquence ? Pourquoi avez-vous choisi d'interpréter ce moment du film en particulier ?

Atelier

Mise en pratique : *Réparer les vivants* (2016)

La séquence choisie commence à la minute 32'56" et se termine à la minute 38'39". Les différents plans sont liés par la même mélodie au piano.

Quoi ?	Simon, un jeune surfeur en pleine adolescence, est victime d'un grave accident de la route qui le plonge dans un coma dont il ne pourra plus sortir. Son corps est encore animé, mais son cerveau ne répond plus. Ses parents sont alors confrontés à la douloureuse question du don d'organes. Il s'agit d'un passage important de l'histoire, car il montre d'un côté Simon avant son accident, au moment où il était en train de devenir adulte et autonome. De l'autre côté, on voit ses parents assis dans leur voiture, qui se dirigent vers l'hôpital.
Qui ?	Simon Limbres est âgé de 19 ans. Il est en classe de terminale et passionné de surf. Son nom évoque les limbes dans la religion catholique, c'est-à-dire le « séjour des innocents ». Inaccessible aux vivants, c'est un lieu de passage entre la vie et la mort. C'est donc une métaphore du coma de Simon. 
Comment ?	La séquence est construite par flash-back. Les images du passé qui montrent Simon dynamique et amoureux (à vélo ou avec sa petite-amie Juliette) s'opposent à celles de son corps allongé sur un lit d'hôpital. Les plans des parents en voiture contrastent avec ceux du jeune couple. La vieillesse et la douleur marquent le visage des parents. La musique mélancolique, dont le rôle est essentiel, exprime une grande tristesse. 
Pourquoi ?	Le réalisateur veut faire comprendre comment les parents réussissent à prendre leur décision. Les flash-back montrent que Simon n'est déjà plus le jeune homme qu'il était. Il appartient à un passé lumineux. Le spectateur est pris dans un tourbillon d'émotions entre le sentiment d'injustice face à la jeunesse perdue de Simon et l'empathie ressentie pour son entourage. 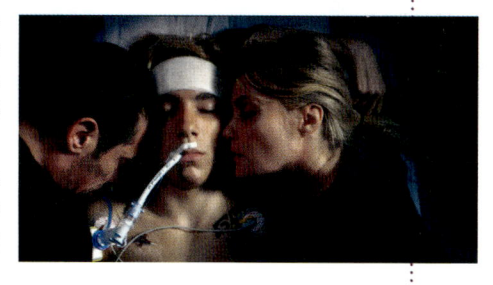
Avis personnel	Cet extrait révèle donc le travail intérieur intense des parents. Le montage de la séquence aide le spectateur à comprendre le changement de leur point de vue, c'est-à-dire accepter que la mort de leur fils puisse sauver la vie d'une autre personne.

* Les images ne sont pas toutes tirées de la séquence analysée. Elles servent à illustrer le propos.

Le petit +

Une adaptation est un film basé sur une œuvre existante. *Réparer les vivants* est d'abord un roman de Maylis de Kérangal, publié en 2014. Dans les pages « Évasion », vous pourrez découvrir la scène où les parents de Simon envisagent pour la première fois le don des organes de leur fils.

5 Penser juste

René Barjavel, *Ravage* (1943)

Roman de science-fiction, *Ravage* décrit avec pessimisme l'utilisation excessive de la science et de la technologie par les hommes. Une catastrophe finit par arriver : la disparition de l'électricité. Un sentiment d'apocalypse, de fin du monde, naît chez les habitants qui doivent reconstruire la société sur de nouvelles valeurs. L'extrait suivant raconte comment le progrès scientifique a changé les habitudes alimentaires des gens, avant la catastrophe.

Le roman a été adapté en bande-dessinée.

L'humanité ne cultivait presque plus rien en terre. Légumes, céréales, fleurs, tout cela poussait à l'usine, dans des bacs.

Les végétaux trouvaient là, dans de l'eau additionnée
5 des produits chimiques nécessaires, une nourriture bien plus riche et plus facile à assimiler que celle dispensée chichement[1] par la marâtre[2] Nature. Des ondes et des lumières de couleurs et d'intensités calculées, des atmosphères conditionnées accéléraient la croissance
10 des plantes et permettaient d'obtenir, à l'abri des intempéries saisonnières, des récoltes continues, du premier janvier au trente et un décembre.

L'élevage, cette horreur, avait également disparu. Élever, chérir les bêtes pour les livrer ensuite au
15 couteau du boucher, c'étaient bien là des mœurs[3] dignes des barbares du XXe siècle. Le « bétail » n'existait plus. La viande était « cultivée » sous la direction de chimistes spécialistes et selon les méthodes, mises au point et industrialisées, du génial précurseur[4] Carrel,
20 dont l'immortel cœur de poulet vivait encore au Musée de la Société protectrice des animaux. Le produit de cette fabrication était une viande parfaite, tendre sans tendons[5], ni peaux ni graisse, et d'une grande variété de goûts. Non seulement l'industrie offrait aux
25 consommateurs des viandes au goût de bœuf, de veau, de chevreuil, de faisan, de pigeon, de chardonneret, d'antilope, de girafe, de pied d'éléphant, d'ours, de chamois, de lapin, d'oie, de poulet, de lion et de milles autres variétés, servies en tranches épaisses et saignantes
30 à souhait, mais encore des firmes spécialisées, à l'avant-garde de la gastronomie, produisaient des viandes extraordinaires qui, cuites à l'eau ou grillées, sans autre addition qu'une pincée de sel, rappelaient par leur saveur et leur fumet[6] les préparations les plus fameuses
35 de la cuisine traditionnelle, depuis le simple bœuf miroton[7] jusqu'au civet de lièvre à la royale. […]

Quant au lait, sa production chimique était devenue si abondante que chaque foyer le recevait à domicile, à côté de l'eau chaude, de l'eau froide et de l'eau glacée,
40 par canalisations. Il suffisait d'adapter au robinet de lait un ravissant petit instrument chromé pour obtenir, en quelques minutes, une motte d'excellent beurre. Toute installation comportait un robinet bas, muni d'un dispositif tiédisseur[8], auquel s'ajustait une tétine. Les
45 mères y alimentaient leurs chers nourrissons.

René Barjavel, *Ravage*, Éditions Gallimard, 1943.

---

1. chichement : en petite quantité. – 2. une marâtre : mère cruelle qui maltraite ses enfants. – 3. les mœurs : les habitudes. – 4. un précurseur : personne qui ouvre la voie à de nouvelles idées. – 5. un tendon : nerf dans la viande qui la rend dure au goût. – 6. un fumet : une odeur. – 7. un bœuf miroton : plat de bœuf bouilli, accompagné d'une sauce aux oignons. – 8. un dispositif tiédisseur : appareil qui rend tiède, légèrement chaud.

◼ À vous !

1. Répartissez-vous en trois groupes. Chaque groupe adopte une des positions suivantes :
- les opposants, qui sont choqués par ces nouvelles habitudes de se nourrir ;
- les défenseurs, pour qui ces nouvelles habitudes sont un réel progrès ;
- les indécis, qui comprennent la nécessité de changer nos comportements alimentaires mais trouvent néanmoins ces pratiques dans le roman trop excessives.

2. Chaque groupe prépare au moins 3 arguments convaincants.
3. À tour de rôle, vous présentez vos idées à vos camarades.
4. Discutez à la fin pour déterminer quels arguments auront été les plus persuasifs.

Évasion

Marie Darrieussecq, *Notre vie dans les forêts* (2017)

[…] Marie m'accompagnait. Je veux dire qu'elle était dans ma tête. En général, on appelle ça un ami imaginaire. Imaginaire mes fesses. Marie était parfaitement réelle. Un sœur jamais vue, endormie, contrôlée, parquée, mais dont je n'ai jamais ignoré l'existence. La
5 proposition faite à mes parents n'était pas de ces propositions qu'on peut refuser.

Moralité : Marie est née par mère porteuse très vite après ma propre naissance, avec exactement le même matériel génétique que moi, et nous a toujours été présentée comme une assurance-vie : pour moi,
10 mais aussi pour mes parents, puisque nous étions tous du même sang. Un corps durable. Des greffes strictement compatibles, si nous avions besoin qu'on nous change un organe. Marie = réservoir de pièces détachées. Moitié = sécurité.

[Plus tard, adolescente, la narratrice peut rendre visite à Marie]

15 Tout était peint en blanc, même les cheminées, avec un film plastique hermétique qui donnait l'impression d'un moulage, d'un intérieur entièrement lessivable (ce qui était le cas). Ça sentait le désinfectant et les fleurs, c'est-à-dire que je pense que le désinfectant était parfumé aux fleurs. […] Il était absolument interdit de faire
20 pénétrer quoi que ce soit au Centre. On passait par des détecteurs, etc. Et quand les visiteurs sont devenus presque aussi nombreux que les moitiés, on faisait carrément la queue. On avait, à ce moment-là, tous entre quinze et vingt-cinq ans.

Je cherchais quoi lui dire. Je me creusais la tête, franchement.
25 J'en venais à lui raconter les films que j'avais vus le dimanche. Les médecins me disaient que Marie n'a aucune idée de ce qu'est le cinéma. Je veux bien, puisque selon eux son cerveau était vide. 102 008-Bidule-Chose est une non-personne, ils me répétaient. Un lot d'organes. Une mise à disposition et une assurance-vie. Point
30 barre. Je ne sais pas pourquoi, moi je la voyais comme l'avenir. Une page blanche à écrire. Toute cette disponibilité. Ce matériau brut, en quelque sorte. Beaucoup parmi nous ont eu le syndrome de Pygmalion, par la suite. (Pygmalion était un sculpteur grec.)

Marie Darrieussecq, *Notre vie dans les forêts*, P.O.L Éditeur, 2017.

Dans ce roman d'anticipation, la narratrice raconte comme dans un journal intime sa fuite dans la forêt avec un groupe de rebelles. Ensemble, ils s'opposent à une société de plus en plus robotisée et sous constante surveillance. Ils ont fait le choix de se « déconnecter », c'est-à-dire de rester sous les arbres, d'où les modules et implants installés dans leurs corps ne peuvent plus transmettre ce qu'ils disent ou font. Surtout, ils ont pris avec eux leur « moitié » - un clone parfait, fabriqué à leur naissance à partir de leurs gènes mais maintenu endormi, car destiné uniquement à servir d'assurance-maladie. Eux, pourtant, refusent de considérer leur « moitié » comme une « non-personne » et veulent lui donner une vie. Les deux extraits suivants racontent comment s'est formée la relation entre la narratrice et sa sœur-clone Marie, avant la fuite dans la forêt.

Le petit +

Dans la mythologie grecque, le sculpteur Pygmalion a créé son idéal de femme. Face à la perfection de la statue, Pygmalion en tombe amoureux. Le mythe de Pygmalion interroge le pouvoir de l'imitation et sa capacité à remplacer le réel. À l'époque du développement des robots et du clonage, où on cherche à dépasser l'homme pour le rendre parfait, l'histoire de Pygmalion nous permet de réfléchir sur ce qu'est un être humain.

■ Développement personnel

Marie, le clone de la narratrice, est décrite tantôt comme un « lot d'organes » (l. 29), tantôt comme « une page blanche à écrire » (l. 31).
Expliquez ces deux expressions dans le contexte de l'extrait.
Laquelle vous semble personnellement la plus juste ? Pourquoi ?

5 Penser juste

Martin Winckler, *En souvenir d'André* (2012)

> Le narrateur a été l'un des premiers médecins, dans un pays européen non précisé, à assister les personnes qui demandaient à mourir – clandestinement d'abord, puis plus ouvertement, à mesure qu'une certaine tolérance s'installait et que les lois s'adaptaient à la situation. Au gré de son histoire personnelle, il a découvert que cette assistance technique ne suffisait pas.

Je voulais aider mon père à mourir.

À première vue, allongé dans le lit, son gros corps simplement recouvert d'un drap blanc c'était l'homme que j'allais réveiller, enfant, le dimanche en milieu de
5 matinée. […]

J'aimais entrer dans la chambre, sentir l'odeur un peu épaisse de sa nuit finissante, sourire en voyant son ombre étendue sous le drap […]. J'aimais m'approcher de lui, poser la main sur son épaule, un baiser sur sa joue,
10 murmurer – le plus bas possible pour le réveiller le plus doucement possible – *Papa, il est presque dix heures*, le sentir tressaillir, soupirer profondément, l'entendre répondre *Déjà ? Ah, dommage* (un autre soupir). *Bon, ça va, mon p'tit chat je me lève, je me lève* […]

15 Mais là, il n'était plus question de le réveiller, je pouvais murmurer ou hurler à tue-tête[1], ça n'allait rien changer, ni mes mots ni mes cris ne seraient suffisants pour le mettre debout, on lui avait foré[2] le crâne pour en faire sortir un esprit maléfique qui ne s'y trouvait pas et
20 il n'avait pratiquement pas parlé depuis, sinon par monosyllabes, pour nous envoyer chier, tous autant qu'on était, moi le premier – *mon p'tit chat, mon fils chéri*, tout ça ne comptait plus.

Ça faisait un mois qu'il gisait[3] dans le lit de réanimation,
25 d'abord étendu, après la chirurgie, tout comme vingt ans plus tôt, par une nuit de grand froid, lorsque ma mère l'avait trouvé assis dans l'escalier de la cave, un livre à la main, face à la chaudière redémarrée à grand-peine – comme
30 si le simple fait de camper là et de la surveiller d'un œil mauvais pouvait la dissuader de retomber en panne. […]

35 Plus tard, on l'avait installé dans un fauteuil […] percé dont l'aide-soignante retirait périodiquement le bassin glissé sous ses fesses pour aller le vider, laissant là l'odeur composite d'urine et de merde qui, dans la salle commune où gisaient une douzaine de malheureux,
40 l'emportait toujours sur les vapeurs d'alcool et de produits chimiques. […]

Le fauteuil troué, ça n'a pas duré. Quelques jours, à tout casser[4]. Et tant mieux, car j'avais peur d'aller le voir, alors. Avant, lorsqu'il était encore couché, il ne parlait pas, il
45 avait les yeux fermés, je pouvais lui prendre la main, la serrer et sentir la pression de ses doigts en réponse, je pouvais lui parler, comme quand j'étais enfant, et m'imaginer qu'il allait se redresser et s'asseoir. Mais assis sur la chaise trouée, il était terrifiant et son regard
50 hostile – un œil braqué, l'autre en fuite – me reprochait, à moi, de garder la chaudière de sa vie en marche.

Martin Winckler, *En souvenir d'André*, P.O.L Éditeur, 2012.

---
1. à tue-tête : d'une voix très forte.
2. forer : percer, creuser.
3. gésir : être étendu, sans pouvoir bouger ; par extension : être couché dans une tombe.
4. à tout casser : au maximum.

Pour découvrir le texte

Pourquoi le narrateur pense-t-il à son enfance quand il voit son père couché dans un lit d'hôpital ?

Expliquez la métaphore finale de l'extrait : « garder la chaudière de sa vie en marche ».

Maylis de Kerangal, *Réparer les vivants* (2014)

Le roman *Réparer les vivants* a été adapté au cinéma (voir les pages « Atelier » pour le résumé de l'histoire).
L'extrait suivant raconte la discussion qu'engage Thomas, l'infirmier chargé de la gestion des transplantations, avec Sean et Marianne, les parents de Simon, qui vont finalement accepter que leur fils meure pour qu'une autre personne puisse vivre.

Ok, on prélève quoi ? Sean a réattaqué tête baissée regard par-dessous et Thomas, surpris par ce changement de cap, fronce les sourcils et se cale illico sur ce nouveau tempo : il est question de prélever le cœur, les reins, les poumons, le
5 foie, si vous consentez à la démarche, vous serez informés de tout, et le corps de votre enfant sera restauré – il a énuméré les organes sans flancher, dans cet élan qui le conduit toujours à préférer la précision sèche au flou de l'esquive[1].
10 Le cœur ? Marianne redemande. Oui, le cœur Thomas répète. Le cœur de Simon. Marianne est étourdie[2]. Le cœur de Simon – des îlots de cellules sanguines confluent dans un petit sac pour former le réseau vasculaire initial au dix-septième jour, la pompe[3] s'amorce au vingt et unième
15 jour […], le sang s'écoule dans les conduits en formation, innervant tissus, veines, tubes et artères, les quatre cavités s'élaborent, le tout bien en place au cinquantième jour même si inachevé. Le cœur de Simon – un abdomen en boule qui se soulève doucement au fond d'un lit-
20 parapluie[4] ; l'oiseau des terreurs nocturnes affolé dans une poitrine d'enfant ; le tambour staccato[5] calé sur le destin d'Anakin Skywalker ; le rif[6] sous la peau quand se hausse la première vague – touche mes pecs[7] avait-il dit un soir,
25 muscles tendus, grimace de singe, il avait quatorze ans et dans l'œil la lueur neuve du garçon qui prend place dans son corps, touche mes pecs mam' […]. Le corps alors.

Mais pas les yeux, on ne prend pas les yeux, n'est-ce pas ? Elle étouffe son cri d'une paume plaquée sur sa bouche
30 ouverte. Sean tressaille, s'écrie dans la foulée, quoi ? les yeux ? non, jamais, pas les yeux. Son râle[8] stagne dans la pièce où Thomas a baissé les siens, je comprends. […]

– Le corps de votre enfant sera restauré.

C'est une promesse et c'est peut-être aussi le glas[9] de ce
35 dialogue, on ne sait pas. Restauré. Thomas regarde sa montre, calcule – le second électroencéphalogramme[10] de trente minutes aura lieu dans deux heures – : souhaitez-vous prendre un temps seuls ? Marianne et Sean se regardent, acquiescent de la tête. Thomas se lève et ajoute
40 si votre enfant est donneur, cela permettra à d'autres personnes de vivre, d'autres personnes en attente d'un organe. Les parents ramassent leur manteau, leurs sacs, leurs gestes sont lents bien qu'ils soient pressés de sortir maintenant. Alors il ne sera pas mort pour rien, c'est ça ?
45 Sean remonte le col de sa parka et le regarde droit dans les yeux, on sait, on sait tout ça, les greffes sauvent des gens, la mort de l'un peut accorder la vie à un autre, mais nous, c'est Simon, c'est notre fils, est-ce que vous comprenez ça ?

Maylis de Kerangal, *Réparer les vivants*, Éditions Gallimard, 2014.

---

1. une esquive : fait d'éviter habilement une difficulté.
2. étourdi(e) : étonné(e), sous le choc.
3. la pompe : *ici* la pompe du cœur en formation.
4. un lit-parapluie : lit pour enfant qu'on peut transporter facilement.
5. staccato : bruit sec et bref qui se répète de façon régulière.
6. le rif (fig.) : le feu.
7. les pecs (fam.) : abréviation pour les pectoraux, les muscles de la poitrine.
8. un râle : son rauque qui exprime la colère et/ou la mauvaise humeur.
9. le glas : cloche qui annonce la mort.
10. un électroencéphalogramme : enregistrement de l'activité du cerveau.

🕮 Pour découvrir le texte

Expliquez comment le cœur de Simon est évoqué dans cet extrait ?

🕮 Pour aller plus loin

Transformez l'extrait en un dialogue, au discours direct, entre les parents et l'infirmier.
Imaginez des répliques supplémentaires pour prolonger la scène.

5 Penser juste — Libre cours

L'éthique dans le sport
Entretien avec Bob Jungels, champion cycliste luxembourgeois

Palmarès
- Champion du monde du contre-la-montre par équipes en 2016
- Vainqueur d'étape du Tour d'Italie en 2017
- Quatre fois champion du Luxembourg en ligne
- Quatre fois champion du Luxembourg du contre-la-montre
- Vainqueur de la 104e édition de Liège-Bastogne-Liège en 2018

Bonjour Bob, merci d'avoir pris le temps de nous accorder cette interview.

Quels sont les événements qui vous ont le plus marqué dans votre carrière jusqu'à présent ?
J'ai 25 ans et je suis cycliste professionnel depuis 6 ans. Sans doute, les deux Tours d'Italie en 2016 et 2017, et bien sûr la victoire de Liège-Bastogne-Liège sont les moments forts de ma carrière.

Vous avez remporté Liège-Bastogne-Liège au terme d'une échappée et d'une attaque spectaculaires. Qu'avez-vous ressenti quand vous avez franchi la ligne d'arrivée ?
Tout d'abord, je n'ai pas vraiment réalisé ce qui venait de se passer. Je n'arrivais pas à croire que j'avais vraiment remporté cette course historique, l'un des cinq « monuments » du cyclisme. Puis, je me suis senti tellement soulagé. Je venais de réaliser un rêve.

Il y a eu les années noires de dopage avec l'affaire Armstrong, très médiatisée. Pensez-vous que cette époque soit révolue et qu'aujourd'hui les mentalités aient changé dans le cyclisme ?
Cela s'est produit avant le début de ma carrière professionnelle. Je ne peux donc pas juger les actions qui se sont produites pendant ces « années noires ». Mais je pense que les mentalités ont changé. La seule chose que je puisse confirmer est que tous les acteurs du cyclisme ont fait et font toujours de très grands efforts pour reconstruire la crédibilité de notre sport.

Quel regard portez-vous sur le cas actuel de Chris Froome ?
Chacun est responsable de ses actions et si effectivement il existe des preuves confirmant que Chris Froome s'est procuré un avantage, je suis convaincu que les responsables de l'Union Cycliste Internationale prendront les décisions adéquates. Mais ce n'est pas mon rôle de juger un autre coureur pour ses actions sans connaître les détails.

Quels sont vos attentes pour le cyclisme en général ? Et pour votre carrière ?
J'aimerais qu'on réussisse à rendre ce sport encore plus attractif pour le grand public. Et que les jeunes soient motivés à poursuivre leur rêve de devenir cycliste professionnel. En ce qui concerne mes attentes personnelles, mon but est de gagner les plus grandes courses du monde. Je rêve de devenir une légende dans mon sport et je veux que les citoyens de mon pays soient fiers de moi. En tant qu'idole, j'espère inspirer les générations futures.

Quel message aimeriez-vous transmettre aux jeunes ?
De toujours croire en leurs rêves. Si on rêve par exemple de devenir sportif professionnel un jour ou d'exercer n'importe quelle autre profession, il faut essayer, coûte que coûte, de poursuivre sa passion. La passion est à mon avis primordiale. Cela compte pour chacun de nous, quel que soit le rêve qu'on poursuit.

À vous !
Réalisez une interview imaginaire de votre sportif préféré/sportive préférée. Évoquez les valeurs du sport qu'il/elle défend.

Leçon 6 Tu parles !

Au cours de cette leçon, nous allons :

réfléchir sur la situation du **français dans le monde**

découvrir différents **parlers français**

apprendre à **commenter un texte d'actualité**

6 Tu parles !

La francophonie dans le monde
Une langue parlée sur tous les continents et en plein développement

- 2014 : **274 millions** de personnes soit **3 %** de la population mondiale
- 2050 : **700 millions** soit **8 %** de la population mondiale, dont 85 % vivant en Afrique

- Europe : 36,4 %
- Amérique et Caraïbes : 7,6 %
- Afrique : 54,7 %
- Moyen-Orient : 0,9 %
- Océanie : 0,3 %

5ᵉ langue la plus parlée dans le monde derrière le mandarin, l'anglais, l'espagnol et l'arabe ou l'hindi, suivant les estimations

2ᵉ langue de l'Union européenne

29 états ont le français comme langue officielle ou co-officielle

Estimation du nombre de francophones par pays : moins de 500 000 — entre 500 000 et 5 millions — entre 5 et 10 millions — 10 millions et plus — non estimé — Répartition des francophones en % du total

Source : OIF (2014)

www.francophonie.org, mai 2017.

👁 Lecture d'une carte

– Observez l'infographie sur le français dans le monde et lisez attentivement la légende.
– Où parle-t-on français ? Y a-t-il des éléments qui vous surprennent ? Si oui, lesquels ?
– Réfléchissez aux causes de la présence importante du français dans le monde. Discutez-en en classe.

Vu d'ici

LE FRANÇAIS ÉCRASE L'ANGLAIS AU LUXEMBOURG

Qui a dit que la langue de Molière avait perdu de sa superbe[1] à l'étranger ? Sûrement pas les Luxembourgeois ! Dans son dernier numéro, le journal local *Le Jeudi* a publié un sondage sur la place des langues nationales et étrangères dans le Grand-Duché. Les chiffres sont éloquents[2]. Si le luxembourgeois prévaut[3] dans la sphère familiale, c'est le français qui prédomine au travail. Loin devant l'allemand […] qui arrive pour sa part en quatrième position derrière l'anglais.

Elles sont trois : le français, l'allemand et le luxembourgeois. Trois langues à être officielles depuis la révision constitutionnelle de 1984 au Luxembourg. Malgré cette prescription et le cosmopolitisme inhérent au pays, le français a toujours prédominé dans l'administration et la sphère professionnelle. Les dernières statistiques de l'institut Ifop, établies du 28 avril au 4 mai dernier, illustrent cette place. Sur 615 résidents luxembourgeois et étrangers interrogés, ils sont 62 % à le pratiquer quotidiennement sur leur lieu de travail. Une belle proportion sans doute due à la proximité du pays avec la France, qui n'est toutefois pas représentative de la langue parlée en famille ou entre amis.

Le français est en réalité une langue utilitaire. Le sondage révèle ainsi l'hégémonie[4] du luxembourgeois à 62 % dans « la vie sociale » (contre 42 % pour le français et 18 % pour le portugais) et à 57 % à la maison (contre 22 % pour la langue de Molière et 5 % pour celle de Goethe). Une domination qui achève par ailleurs la place de l'anglais. L'idiome[5] employé par 27 % des Luxembourgeois au travail se retrouve quasi absent dans les foyers.

Si le français s'érige bien comme une langue d'intégration pour 55 % des sondés (des chiffres qui passent du simple au double selon les tranches d'âge) notons enfin que le sentiment national au Luxembourg s'exprime surtout dans la langue de Dicks. Condition *sine qua non*[6] pour être considéré comme Luxembourgeois, selon 82 % des sondés. […]

Alice Develey, www.lefigaro.fr, 07/06/2017.

---

1. perdre de sa superbe : *ici* occuper une place moins importante.
2. éloquents : parlants, significatifs.
3. prévaloir : dominer.
4. l'hégémonie : la domination.
5. un idiome : une langue.
6. une condition *sine qua non* : une condition indispensable.

Interactions

Ça fait l'actu !

« JPP », « WTF », « OKLM »… MAÎTRISEZ-VOUS LE PARLER JEUNE ?

Ils sont prononcés à l'envers, sous forme d'abréviations ou phonétiquement ; soulèvent le cœur de nos amoureux de la langue de Molière, provoquent des sueurs froides aux parents et des frissons à nos chers professeurs… les mots de nos jeunes têtes blondes sont pourtant très imagés, inventifs et parfois même recherchés. […]

L'écrivain Stéphane Ribeiro, auteur du *Dictionnaire Ados Français*, analyse le phénomène.

LE FIGARO - Comment naissent ces expressions et raccourcis langagiers ?

Stéphane Ribeiro - Ce langage est comme la mode : un éternel recommencement. Il est influencé par la musique, le cinéma, les personnalités… Il suffit par exemple qu'une star du rap, Booba par exemple, lance un nouveau mot pour qu'il remplisse les cours de récré. En fait, le langage jeune est un melting-pot. Il est né d'un vrai mélange d'expressions américaines, entendues dans certaines communautés (polonaises, chinoises, arabes…) et historiques (avoir la dalle, est une expression par exemple qui remonte au Moyen Âge).

Et puis, il a été très influencé par l'arrivée des portables et les premiers sms. […] Le langage s'adapte vraiment à notre environnement. Il est dans l'air du temps.

Comment reconnaître un mot qui n'est plus à la mode ?

Pour reconnaître un mot jeune devenu désuet[1] il suffit d'ouvrir le dictionnaire. Dès qu'il rentre dans le *Larousse*, c'est un signe. Dès que le mot en question (par exemple bolosse[2]) est trop employé, il devient ringard. Pour autant, la langue se transforme et se re-transforme toujours.

Le langage jeune n'est donc pas un appauvrissement du français ?

Pas du tout. Avant on accusait la télé de nous empêcher de lire, Internet de nous couper de la réalité… toutes ces accusations peuvent remonter jusqu'à l'époque de Cicéron ou Platon. Il y a toujours eu cet éternel débat entre les Anciens et les Modernes. C'est une bonne chose de critiquer ou du moins de se questionner. Mais ce n'est ni pire ni mieux qu'avant.

Les jeunes savent qu'il y a deux niveaux de langage : ce qu'ils peuvent dire avec leurs amis et ce qu'ils ne peuvent pas prononcer devant des adultes. Là où c'est plus compliqué, c'est lorsqu'une partie de cette population n'a plus que ce langage pour s'exprimer…

Alice Develey, www.lefigaro.fr, 23/08/2016.

---
1. désuet : démodé.
2. un bolosse (fam.) : gros nul, un bouffon.

Voici quelques exemples.

jpp : abréviation pour dire « j'en peux plus ».

oklm : abréviation pour dire « au calme ».

wsh : abréviation phonétique de « wesh », dérivé de l'arabe « wech rak » qui signifie « comment vas-tu ? ». S'emploie aussi pour marquer une exclamation.

déclassé : « trop classe, trop bien », alors qu'à la base le terme signifie « qui n'appartient plus à sa classe sociale ».

à la bien : pour décrire une situation relaxe.

le daron, la daronne : le père, la mère, alors qu'au XVIIe siècle le terme désignait le maître de la maison.

yolo : abréviation pour dire « you only live once ».

Lecture du dossier

La classe lit les 2 documents. Chaque document aborde la langue française sous un angle différent. Réalisez les tâches proposées. Partagez vos réponses avec vos camarades.

1. Le français écrase l'anglais
 – D'après le sondage, quelle place les trois langues officielles occupent-elles au Luxembourg ?

2. Maîtrisez-vous le parler jeune ?
 – Connaissez-vous d'autres mots et expressions du « parler jeune » ?

▶ Parlons-en !

En conclusion au sondage cité dans « Vu d'ici », Jacques Hillion, rédacteur en chef du journal *Le Jeudi*, dit : « Le français ne perd pas de terrain, il a peut-être changé de statut […] Il est passé de la langue de l'élite à celle de la rue. »
Êtes-vous d'accord avec cette affirmation ?

www.lasemaine.fr, 07/07/2017.

6 Tu parles !

QUELLE PLACE DANS LE MONDE POUR LA LANGUE FRANÇAISE EN 2050 ?

Actuellement cinquième langue la plus parlée dans le monde, le français devrait être pratiqué par quelque 700 millions de personnes en 2050. En théorie, du moins.

Le français peut-il devenir la première langue mondiale ?

Selon l'Organisation internationale de la Francophonie (OIF), le français est actuellement la cinquième langue la plus parlée sur la planète, derrière le mandarin, l'anglais, l'espagnol et l'arabe ou l'hindi, suivant les estimations prises en compte. Voilà pour aujourd'hui. Car selon une étude de la banque d'investissement Natixis, datant de septembre 2013, elle pourrait bien occuper la première place du classement à l'horizon 2050.

La réalité s'avère[1] toutefois un peu plus complexe. Le rapport détermine d'ailleurs comme francophones tous les habitants des pays dont la langue officielle est le français. Or, la République démocratique du Congo a beau être le plus grand pays francophone du monde – devant la France –, tous ses habitants ne parlent pas français, préférant souvent le lingala[2]. […]

Pourquoi une telle évolution ?

D'abord parce que le français est la deuxième langue la plus apprise dans le monde, y compris aux États-Unis, après l'espagnol. Mais aussi et surtout parce que la population africaine devrait passer de 800 millions d'individus en 2010 à 4,5 milliards en 2100, selon les projections de l'Institut d'études nationales démographiques (INED). En 2050, 85 % des francophones à travers le monde devraient donc être africains. Compte tenu des dynamiques démographiques, le continent comptera même plus de 90 % des jeunes francophones de 15 à 29 ans à cette date. […]

Ces prévisions ne seront néanmoins réalisables qu'à certaines conditions. La principale d'entre elles est que l'Afrique francophone continue d'utiliser le français dans la scolarisation des enfants au cours des prochaines années. En Afrique, « les systèmes éducatifs, bien que rencontrant des difficultés de nature quantitative et qualitative, continuent d'accorder une place privilégiée[3] au français » mais ces pays « sont de plus en plus engagés dans une course de vitesse entre croissance démographique et scolarisation de qualité », prévenait à cet effet Abdou Diouf, ancien secrétaire général de la Francophonie (2003-2015), dans le dernier rapport de l'OIF. […]

Quel français parlera-t-on ?

C'est bien connu : le français est une langue en perpétuelle évolution. Qui plus est en Afrique, où il cohabite déjà souvent avec des langues locales.

---

1. s'avérer : apparaître.
2. Le lingala est une langue bantoue, une langue africaine, principalement parlée dans la République démocratique du Congo.
3. privilégié : favorisé.

C'est notamment le cas au Sénégal, avec le « francolof[4] », au Cameroun avec le « camfranglais[5] », ou encore en Côte d'Ivoire avec le « nouchi[6] », qui a même amené plusieurs de ses termes dans les dictionnaires français, comme par exemple « faroter », synonyme de « frimer », ou « s'enjailler », qui signifie « s'amuser, faire la fête ». […]

« Le poids du français 'africain' – mieux encore, des variétés du français en Afrique – n'est pas proportionnel à son importance démographique. Dans les représentations linguistiques, le 'français de référence' reste souvent associé aux Français de l'Hexagone : […] la situation pourrait changer avec les communautés africaines qui vivent sur le continent européen, mais à condition que celles-ci ne restent pas confinées dans un ghetto linguistique, et social ».

Thibauld Mathieu, www.europe1.fr, 20/03/2018.

---

4. Le francolof est une langue orale, née du mélange entre le français et le wolof, la langue parlée au Sénégal.
5. Le camfranglais est une langue parlée, née du mélange entre le français, l'anglais et différents parlers camerounais.
6. Le nouchi est une langue orale née du mélange entre le français et différentes langues de la Côte d'Ivoire.

▶ Enrichissement lexical

Expliquez dans le contexte de l'article les expressions suivantes :
1. « les dynamiques démographiques » (l. 32-33)
2. « un ghetto linguistique et social » (l. 69-70)

▶ Compréhension de texte

À l'aide des éléments du texte, répondez de manière concise aux questions suivantes.
Veillez à utiliser vos propres mots.
1. Expliquez pourquoi le français pourrait devenir la première langue mondiale ?
2. Comment le français peut-il évoluer ?

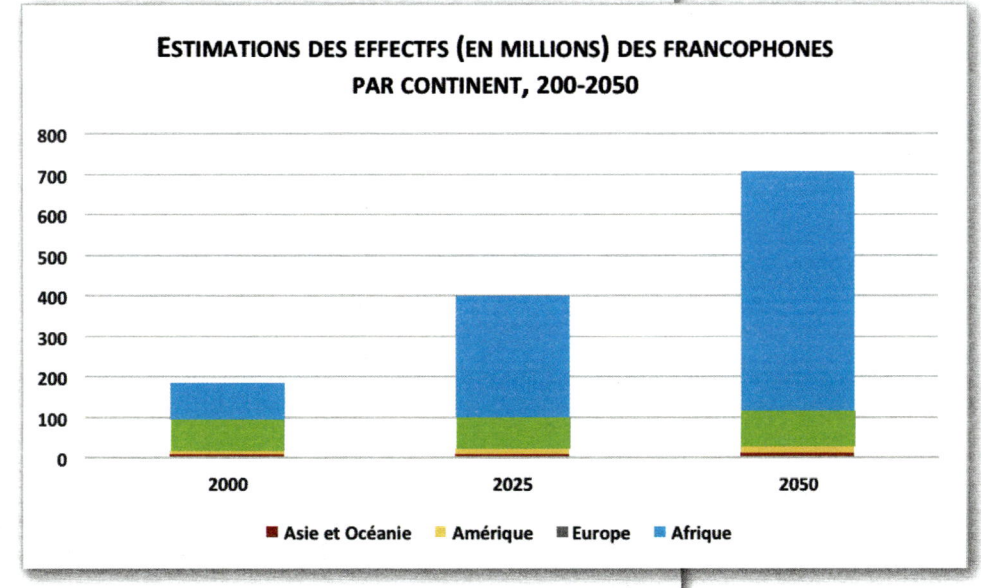

À vous !

La langue africaine apporte son lot de nouveaux mots à la langue française. Faites une recherche sur Internet pour trouver d'autres mots français d'origine étrangère et partagez vos trouvailles.

ESTIMATIONS DES EFFECTFS (EN MILLIONS) DES FRANCOPHONES PAR CONTINENT, 200-2050

■ Asie et Océanie ■ Amérique ■ Europe ■ Afrique

Source : World Population Prospects The 2008 Populatio Database, http://esa.un.org/unpp/

6 Tu parles !

Le point sur... la francophonie

• Le terme « francophonie » n'est apparu dans le dictionnaire que dans les années 1930. Il témoigne d'une **triple prise de conscience** :
– **géographique.** Le français est langue maternelle, langue officielle, langue d'enseignement ou tout simple- ment langue plus ou moins utilisée dans une soixantaine de pays répartis sur les cinq continents.
– **philosophique.** Toute langue véhicule une vision du monde et certaines valeurs qui résultent de l'histoire des peuples qui la parlent. Ces pays ont donc un héritage culturel en commun.
– **politique.** Les peuples qui ont une langue en partage ont intérêt à se regrouper pour développer des actions de solidarité et de coopération.

• **La communauté francophone est composée :**
1. de l'Hexagone et de certaines zones frontalières qui ont été, à une époque de leur histoire, sous influence française : Wallonie et Bruxelles en Belgique, le Luxembourg et la Suisse romande ;
2. des régions du monde qui ont été des colonies françaises. L'expansion coloniale française a eu lieu à deux moments de l'histoire :
– aux XVIe et XVIIe siècles en Amérique du Nord et aux Antilles. La plupart de ces territoires seront perdus au siècle suivant au profit de l'Angleterre. Les îles de Saint-Pierre-et-Miquelon, de la Martinique, de la Guadeloupe resteront françaises ainsi que la Guyane. Le Québec, province du Canada, conserve l'usage du français ;
– au XIXe siècle et au XXe, jusqu'en 1945, en Afrique, dans l'Asie du Sud-Est et dans l'océan Pacifique. Les îles de la Réunion, de Mayotte, la Nouvelle-Calédonie et la Polynésie française resteront françaises. Trente pays d'Afrique, six en Asie, deux au Moyen-Orient continuent d'utiliser la langue française ;
3. des pays qui, en raison des relations privilégiées qu'ils ont avec un pays francophone, **ont souhaité faire partie d'organisations francophones** (Bulgarie, Roumanie, etc.).

Les types de langue	Les niveaux de langue
une langue	s'exprimer en langage soutenu
un idiome	... courant
un dialecte	... familier
un parler	... vulgaire

Parler	
parler couramment	
s'exprimer avec facilité, avec aisance	
avoir une bonne diction	
bafouiller	
bredouiller	
avoir un cheveu sur la langue	

Le français dans tous ses états

La langue française, plus à l'oral qu'à l'écrit, se nourrit des particularités régionales des pays francophones et s'enrichit des influences culturelles étrangères. Voici un petit florilège d'expressions courantes.

Quelques belgicismes

1. « *J'ai vraiment dur à l'école.* »
- **avoir dur** : avoir des difficultés

2. « *Votre commande sera exécutée endéans les huit jours.* »
- **endéans** : dans le délai de

3. « *Change un peu de bande, il roule trop lentement devant.* »
- **une bande de circulation** : une voie de circulation

4. « *Il s'est levé et a subitement arraché son baxter avant de sortir de l'hôpital.* »
- **un baxter** : une perfusion

5. « *Tu veux faire un tour dans le carrousel de la foire ?* »
- **un carrousel** : un manège forain

6. « *Mon dos me chatouille ! Tu veux bien gratter ?* »
- **chatouiller** : démanger

7. « *T'as mis une chemisette en dessous de ton pull ?* »
- **une chemisette** : un marcel

8. « *Arrête de chipoter tes boutons, tu vas avoir des cicatrices !* »
- **chipoter** : tripoter

9. « *J'ai cassé la clenche de la porte...* »
- **une clenche** (prononcé *clinche*) : une poignée

À vous !

Trouvez les synonymes pour les expressions suivantes !

1. un brol :

2. nenni hein ! :

3. dracher :

4. blinquer :

5. une cloche :

6. une crolle :

7. un divan :

8. faire la file :

9. une farde :

10. un GSM :

11. un jogging :

12. une place (avoir une bonne place) :

13. sonner qqn :

14. une tirette :

15. toquer à la porte :

D'après Tiffany Sales, www.sosoir.lesoir.be, 03/08/2017.

6 Tu parles !

Les « luxembourgismes » à l'honneur

QU'EST-CE QU'UN « LUXEMBOURGISME » ?

Le « luxembourgisme » désigne un « mot, une tournure ou particularité du français en usage au Grand-Duché de Luxembourg. » Ce sont donc des termes français que nous, Luxembourgeois, employons chaque jour.

À titre d'exemple, « auditoire » est attesté dans les dictionnaires usuels du français, avec un seul sens, c'est-à-dire celui d'un « ensemble des personnes qui écoutent ». Au Grand-Duché – comme en Belgique –, on donne également à ce mot le sens d' « amphithéâtre, salle de cours ». Voilà un luxembourgisme. [...]

En voici quelques exemples :
- **Service !** : pour dire « je vous en prie », qui est également un terme partagé avec la Suisse et l'Alsace notamment,
- **Vin ouvert** : qui est un luxembourgisme faisant référence au vin en pichet,
- **Livre de classe** : qui est une expression purement luxembourgeoise,
- **Fraction** : au sens de parti politique (groupe parlementaire),
- **Batterie** : au sens de pile,
- **Régent** : qui dirige une classe.

[...]

Mais d'où proviennent ces luxembourgismes ? « Des belgicismes deviennent luxembourgismes une fois passés la frontière, et ainsi de suite » indique Michel Francard [professeur de linguistique à l'Université catholique de Louvain]. Tous ces termes se nourrissent donc d'une vraie diversité culturelle. On retrouvera des luxembourgismes employés également en Alsace ou en Suisse par exemple.

D'après Sophie Wiessler, www.wort.lu, 2016

« Savez-vous vraiment parler lorrain ? »

- **En Lorraine, comment appelle-t-on un pain au raisin ?**
  ☒ Une schneck   ☐ Une schlapp   ☐ Un schlouc

- **Quelle expression utilisent les Lorrains quand il fait froid ?**
  ☐ Ça planche !   ☒ Ça caille !   ☐ Ça gèle !
  ☐ Ça marave !

- **Comment surnomme-t-on une petite fille malicieuse, turbulente, qui a l'esprit vif ?**
  ☐ Une zaubette   ☒ Une sauterelle   ☐ Une coquinette

- **Quelle partie du corps désignent les mots « schnesse » ou « fratz » ?**
  ☒ Le visage   ☐ La bouche   ☐ La joue

- **Comme dit-on : « Il roule vite » ?**
  ☐ Il mange.   ☒ Il tartine.   ☐ Il descend.

- **Un Lorrain ne dit pas : « Comment vas-tu », mais…**
  ☒ Ça roule.   ☐ Ça geht's.   ☒ Ça farte.

EN LORRAINE, ON DIT KNACK !
SAUCISSE DE STRASBOURG, C'EST TROP LONG…
Le Lorrain.fr

- **Parmi ces phrases, lesquelles sont typiques du « parler lorrain » ?**
  ☐ « Je suis au taquet ! »
  ☐ « C'est nickel chrome ! »
  ☐ « Tu viens avec ? »
  ☐ « On se retrouve entre midi ? »

www.estrepublicain.fr, 22/11/2016.

schneck – ça caille – une zaubette – le visage – il tartine – ça geht's – tu viens avec ? ; on se retrouve entre midi

Ressources

Les québécismes

Que signifient ces mots et expressions en français du Québec ? Associez-les.

1. un char
2. une balayeuse
3. avoir la dent sucrée
4. dispendieux(se)
5. bienvenue
6. mon cheum
7. ma blonde
8. avoir de la misère
9. ça a pas d'bon sens
10. aller au dépanneur

- un aspirateur
- une voiture
- cher/chère
- être gourmand(e)
- aller à l'épicerie
- ma copine
- mon copain
- c'est stupide
- avoir du mal à faire quelque chose
- de rien

Les anglicismes

Trouvez les mots justes.

Horizontal
1. un pense-bête
2. un pot entre amis après le travail
3. une réunion préparatoire
4. vérifier
5. rétro

Vertical
6. le gratin mondain
7. un mentor
8. une nouvelle adaptation
9. un occupant illégal
10. un remue-méninges
11. un brillant à lèvres
12. un film d'angoisse
13. un prospectus

Horizontal : 1. check-list – 2. after-work – 3. briefing – 4. checker – 5. vintage
Vertical : 6. jet-set – 7. coach – 8. remake – 9. squatteur – 10. brainstorming – 11. gloss – 12. thriller – 13. flyer

6 Tu parles !

Les langues créoles

Les langues créoles sont d'abord des langues orales, inventées par les esclaves noirs à l'époque des colonies. Elles sont nées du mélange entre la langue des maîtres, souvent européenne (français, anglais, portugais…), et la langue maternelle des esclaves, généralement africaine. Ces langues sont encore parlées aujourd'hui par les descendants des esclaves et constituent le mémoire vive de ce passé douloureux, mais qui a forgé l'identité de ces régions (Guyane, Haïti, La Réunion…). On parle ainsi de créolité pour définir la culture issue du métissage des langues et traditions apportées par ces hommes qui ensemble luttaient contre la domination coloniale. De nombreux écrivains d'outre-mer, qui écrivent en français, rendent hommage à cette culture en intégrant des mots ou rythmes créoles à leurs productions.

Français	Créole guadeloupéen
Bonjour / Bonsoir	Bonjou/Bonswa
Comment allez-vous ?	Sa ou fè ?
Très bien, merci, et vous ?	Bien mèsi, é zot ?
Parlez-vous français/anglais ?	Palé zot fwansé/anglé ?
Je comprends/Je ne comprends pas	Mwen ka kompwend/An pa ka kompwann
Pardon	Padon
Au revoir	Ovwa
Bienvenue	Bonvini
Merci (beaucoup)	Mési (onpil)
Je suis Français(e)	An fransez
Non merci	Awa mèsi
Oui/Non	Si (wè)/Awa
De rien /Je vous en prie	Pa ni pon pwoblèm/Si ou plé

D'après www.evaneos.fr/guadeloupe.

Associez ces expressions imagées du langage familier aux explications.

1. avoir avalé sa langue
2. donner sa langue au chat
3. avoir la langue bien pendue
4. ne pas avoir la langue dans la poche
5. sec comme la langue du diable
6. tourner sa langue sept fois dans sa bouche

- demander la solution d'une devinette
- garder le silence
- dire quelque chose sèchement
- parler beaucoup, être impertinent
- réfléchir avant de parler
- s'exprimer franchement

Wenning&Daubach, *Merci* (2004)
(9900 pts / résine d'epoxyde, fibre de verre)

Le luxembourgeois dans tous ses états

Lisez l'extrait suivant du roman satirique *Comment blanchir les bêtes noires sans les faire rougir* (2017) de Guy Rewenig.[1]

J'aime beaucoup Madame la Tenancière. Je crois qu'elle m'a adopté. Elle dit : Est-ce le français est ta langue maternelle, Mäiwee ? Je dis : Ah non, Madame la Tenancière ma langue maternelle, c'est le swahili. Je parle un français rudimentaire[2] et chancelant[3], tu l'as sûrement déjà constaté. Mais
5 le swahili me va comme un gant. Elle dit : Da so mol eppes op Zualalilesch. Je dis : Avec plaisir. Ona bahati hapa. Elle dit : Ah bon. C'est une très belle langue, Mäiwee, mais je ne comprends que dalle. Je dis : Le point commun de toutes les très belles langues, c'est qu'on ne les comprend pas. Elle dit : Alors pour toi le luxembourgeois est une très belle langue ? Je dis :
10 Parfaitement, Madame La Tenancière. Elle dit : Tu as raison, well hei muss de Lëtzebuergesch schwätzen. Mir si jo hei bei eis. Je dis : J'ai déjà appris beaucoup de choses indispensables. Chez le boulanger, il ne faut pas utiliser le mot français croissant, mais le mot luxembourgeois *Croissant*, ni le mot français baguette, mais le mot luxembourgeois *Baguette*.
15 Au début, j'ai pensé : Mais c'est tout à fait la même chose ! Quelle erreur ! Quelle gifle pour les pauvres Luxembourgeois. Les Français disent baGUETTE, mais les Luxembourgeois disent *BAguette*. C'est complètement différent. Elle dit : Et puis en luxembourgeois, baguette s'écrit avec majuscule. Je dis : Mais oui, voilà ! Les majuscules sont très importantes
20 dans un pays minuscule. Elle dit : Wat has de da virdu gesot op Zualililesch ? Je dis : Je suis heureux ici. Elle dit : Ma dat héiere mer gär.

Guy Rewenig, *Comment blanchir les bêtes noires sans les faire rougir*,
Éditions Guy Binsfeld, 2017.

---

1. Pour une présentation du roman, reportez-vous aux pages « Évasion » de la leçon 4.
2. rudimentaire : simple.
3. chancelant : faible.

À vous !

Quels mots français employez-vous régulièrement quand vous parlez luxembourgeois ?

6 Tu parles !

Réagir à l'actualité

Sur les sites d'information en ligne, les lecteurs sont régulièrement invités à réagir à l'article qu'ils viennent de lire.

Voici quelques commentaires laissés à la suite de l'article « Quelle place dans le monde pour la langue française ? ».

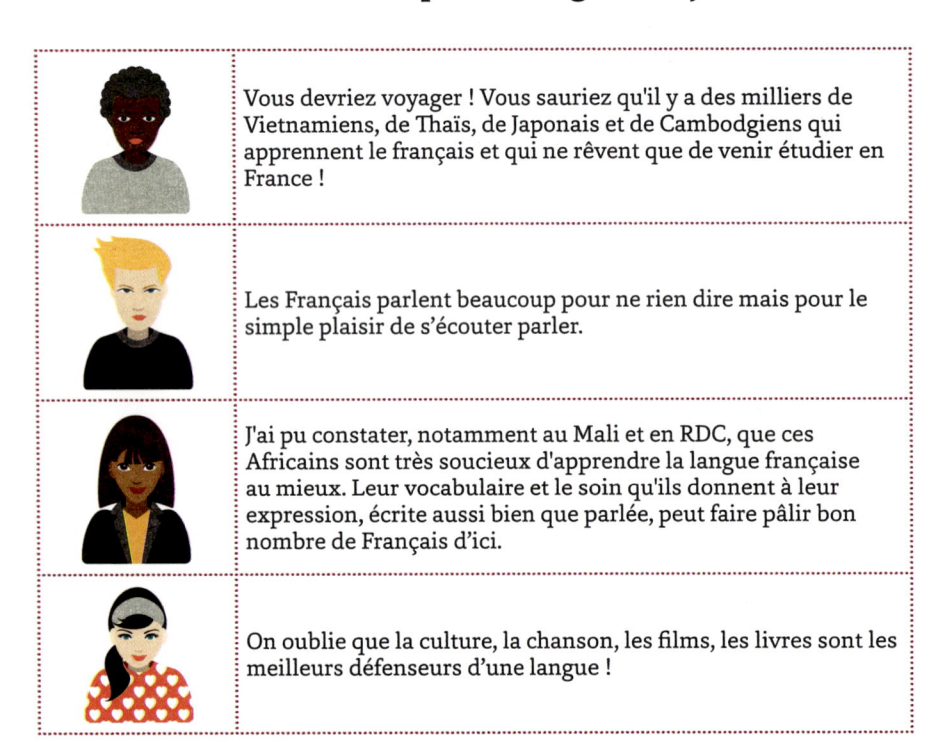

> Vous devriez voyager ! Vous sauriez qu'il y a des milliers de Vietnamiens, de Thaïs, de Japonais et de Cambodgiens qui apprennent le français et qui ne rêvent que de venir étudier en France !

> Les Français parlent beaucoup pour ne rien dire mais pour le simple plaisir de s'écouter parler.

> J'ai pu constater, notamment au Mali et en RDC, que ces Africains sont très soucieux d'apprendre la langue française au mieux. Leur vocabulaire et le soin qu'ils donnent à leur expression, écrite aussi bien que parlée, peut faire pâlir bon nombre de Français d'ici.

> On oublie que la culture, la chanson, les films, les livres sont les meilleurs défenseurs d'une langue !

Après qu'on a lu un article de presse ou regardé une émission de télévision, on aime donner son avis sur le sujet traité, soit de manière brève, par exemple sur Internet, soit de manière plus développée.

Le commentaire sert donc à prendre position par rapport aux opinions émises : **on donne son avis** quant aux idées avancées dans le texte ou l'émission et **on le justifie** en ajoutant des arguments personnels (idées & exemples).

Voici quelques verbes qui invitent au commentaire :

Comparer	« Comparez la langue française de métropole à la langue française africaine. »
Commenter	« Commentez l'affirmation suivante : "Le français deviendra première langue mondiale d'ici 2050" »
Juger	« Jugez l'évolution de la langue française dans le monde. Peut-on supposer qu'elle sera première langue mondiale en 2050 ? »
Justifier	« Pensez-vous que le français soit première langue mondiale en 2050 ? Justifiez votre réponse ! »

Atelier

Mise en pratique

La structure du commentaire personnel suit celle d'un texte argumentatif. Après avoir brièvement introduit le sujet, vous développez vos arguments de manière organisée, puis vous rédigez une brève conclusion. Le commentaire doit donc :
– être structuré ;
– relier les idées du texte à son avis personnel ;
– présenter plusieurs arguments différents ;
– privilégier une position nuancée et éviter une opinion trop tranchée ;
– interroger le monde qui nous entoure.

« Pensez-vous que le français soit première langue mondiale en 2050 ? Justifiez votre réponse ! »

Introduction
Selon certaines études menées récemment, le français pourrait devenir la première langue mondiale d'ici 2050. Personnellement, je doute que cela soit vrai.

Développement
Tout d'abord, l'auteur affirme que les pays africains vont connaître une explosion démographique. Cela ne va toutefois pas forcément entraîner l'augmentation des personnes qui parlent français. En effet, même si le français prévaut officiellement, la langue utilisée au quotidien est souvent un dialecte local ou régional, comme le swahili au Congo.

D'ailleurs, bien que le français se positionne en deuxième place dans les écoles au niveau mondial, cela ne signifie pas qu'il est plus pratiqué au quotidien. En effet, on peut être francophile, aimer la langue française sans pour autant la parler souvent.

Ensuite, il faut ajouter que l'anglais est la langue mondiale dans les domaines de l'économie et des sciences. En effet, l'anglais reste la langue parlée dans la majorité des entreprises qui font du commerce international et les publications scientifiques importantes sont écrites en anglais. Il y a **donc** fort à parier que l'anglais restera la langue universelle pendant de nombreuses années encore.

Finalement, le chinois gagne en importance au niveau international. De plus en plus d'universités et d'écoles proposent l'enseignement du chinois afin de créer des étudiants et de futurs employés compétitifs sur le marché de l'emploi. Au Luxembourg, l'Athénée et le Lycée Michel Rodange proposent des cours de chinois depuis la rentrée 2018.

Conclusion
Pour conclure, je pense avoir montré pourquoi, selon moi, le français ne peut pas devenir la première langue mondiale dans quelques années. Ceci n'enlève cependant rien au rayonnement de la langue française et de la culture en langue française à travers le monde. Au lieu de les mettre en concurrence, peut-être vaudrait-il mieux favoriser les échanges entre les langues et cultures ?

✏ À vos stylos !

Relisez le texte de la rubrique « Vu d'ici » (p. 100).

Pourquoi, selon vous, le français est-il considéré comme langue d'intégration au Luxembourg ? Êtes-vous d'accord avec cette affirmation ? Justifiez votre avis dans un commentaire de 250 mots minimum.

6 Tu parles !

Léopold Sédar Senghor,
« Chant pour Jackie Thompson » (1973)
Championne du cent mètres dames

Léopold Sédar Senghor est né au Sénégal, en 1906, dans une famille aisée. Après d'excellentes études à Dakar, il part à Paris poursuivre sa formation. Il sera le premier Africain à obtenir l'agrégation de grammaire. Quand la guerre éclate, il est fait prisonnier en Allemagne pendant deux ans. Il rejoint ensuite les rangs de la Résistance. À la Libération, Senghor publie ses premiers recueils de poésie et décide de s'engager dans la politique de son pays. Le Sénégal, colonie française depuis la fin du XIXe siècle, déclare son indépendance en 1960. Léopold Sédar Senghor est élu président de la République du Sénégal et il le restera jusqu'en 1979, tout en continuant à écrire. Il sera le premier Noir à entrer à l'Académie française en 1983. Il décède en Normandie, en 2001.

J'avais élu le stade, loin des marchands.
Je chante les plus forts, les plus habiles, je chante les plus beaux.

Je t'avais élue à la première course, la plus courte oui, la plus noble.
Pour tes longues jambes d'olive t'avais élue, ta souplesse cambrée.
5 Proue de pirogue[1] et sillage de cygne noir dans la poussière d'argent.
Peut-être un souvenir, un rêve de jadis.
Ah ! j'oubliais ton sourire mutin, si frais d'enfant.
« Elle sera la première, la grande Poullo[2]-là. »

Tu partais en douceur, dans la ruée de l'ouragan,
10 Et toutes tu les contrôlais sereine, les remontant souriante.
Au cinquante mètres tu ouvris ta grâce, tes ailes
Allongèrent la foulée comme une liane, une chamelle[3] qui va l'amble[4],
Te détachèrent net des autres sur leurs courtes jambes d'albâtre[5].
Ou d'ébène, qu'importe ?

15 Et le stade haleta, debout,
Et tu te jetas sur le fil aérien, comme une amazone du Roi
Royale, et de ma gorge ce cri qui jaillit
Triomphal : « *Black is beautiful*[6] », ma généreuse petite Poullo,
Car *Pulel hokku soko haraani*[7]. Ah ! que n'ai-je la voix,
20 Dites, de Siga Diouf Guignane[8], qui faisait trembler les dieux athlètes.

Je te chante, Jackie Thompson, sur le versant du jour
Et s'empourpre[9] mon chant sur l'Océan bleu Atlantique.

L. S. Senghor, « Chant pour Jackie Thompson », *Poèmes*, Seuil, 1973.

---

1. la proue de pirogue : *ici* l'avant de ce bateau léger typique d'Afrique. – 2. une Poullo : femme de l'ethnie peule, qu'on reconnaît à son corps svelte et son teint de cuivre rouge. – 3. la chamelle : femelle du chameau. – 4. aller l'amble : adopter l'allure naturelle ici de la chamelle. – 5. l'albâtre : marbre de couleur blanche. – 6. Mouvement culturel créé dans les années 1960 par les Afro-Américains pour revendiquer la fierté des personnes noires. – 7. Parodie d'un dicton : la petite Peule donne à celui qui le demande. – 8. Conteur sénégalais. – 9. s'empourprer : se colorer naturellement de rouge.

Lois Mailou Jones, *Africa*, 1935.

Le petit +

Pour une « civilisation de l'Universel »
Riche d'une culture double, française et sénégalaise, Léopold Sédar Senghor crée une œuvre marquée par l'idée de réconciliation entre les hommes et les cultures, par-delà les frontières. Ensemble avec Aimé Césaire, poète martiniquais, il invente la notion de « négritude » pour décrire et défendre les valeurs culturelles et artistiques des peuples noirs africains. La poésie de Senghor exprime la foi dans l'homme et dans la capacité à construire une « civilisation de l'Universel » qui dépasse les différences et célèbre les apports de chaque culture. Placés sous le signe du métissage, les poèmes de Senghor, écrits en français, se nourrissent des mots, chants et rythmes de l'Afrique.

Pour découvrir le poème
Relevez les expressions qu'emploie le poète pour célébrer les origines africaines de la championne.

À vous !
Lisez à voix haute le poème. Veillez à faire entendre son rythme particulier créée par l'alternance entre les vers courts et les vers longs. Quel effet est ainsi produit ?

Évasion

Patrick Chamoiseau, *Texaco* (1992)

Dans *Texaco*, l'auteur martiniquais Patrick Chamoiseau raconte l'histoire de la Martinique et surtout de son peuple. C'est le récit d'un conquête de liberté, menée à l'époque coloniale contre les esclavagistes et à l'époque moderne contre les urbanistes qui veulent raser le quartier populaire de Texaco, à la périphérie de Fort-de-France, le chef-lieu de l'île. Or, ce quartier, né autour des réservoirs de l'entreprise pétrolière Texaco, est le symbole de la lente appropriation de leurs territoires par les gens du pays. À travers une langue souvent populaire, enrichie de mots et paroles créoles, le roman interroge l'identité et la culture d'un peuple porté par le désir de liberté. Dans l'extrait ci-dessous, la narratrice Marie-Sophie Laborieux revient sur son enfance, notamment l'histoire de son père, ancien esclave.

Pour comprendre Texaco et l'élan de nos pères vers l'En-ville[1], il nous faudra remonter loin dans la lignée de ma propre famille car mon intelligence de la mémoire collective n'est que ma propre mémoire. [...] Quand je suis née mon papa et ma manman[2] s'en revenaient des chaînes. Un temps que nul ne les a entendus regretter. Ils en parlaient oui, mais pas à moi ni à personne. [...] Moi, patiente jusqu'au vice, d'un souvenir par-ci, d'un quart de mot par-là, de l'épanchement d'une tendresse où leur langue se piégeait, j'appris cette trajectoire qui les avait menés à la conquête des villes. [...]

[*La narratrice se met alors à raconter comment son père a été « affranchi »[3] après avoir sauvé la vie du Béké pour qui il travaillait, en tuant un « nègre marron », c'est-à-dire un esclave fugitif, qui l'avait agressé avec un couteau.*]

Béké[4] guéri convoqua son géreur[5] et prit nouvelle de son habitation. [...] puis le Béké fit mander[6] mon papa. Perdu au milieu de son lit à colonnes, il le zieuta[7] longtemps. J'ai bien souvent tenté d'imaginer ce bougre[8]. Papa qui disait ne pas connaître son nom ni son histoire, refusa de me le décrire, sans doute par crainte qu'il ne se mette à hanter sa vieillesse. Mais j'aime à penser qu'il avait la lèvre mince et l'œil trouble de ces fauves qui ne rêvent plus le monde. Et je suis sûre d'avoir raison car aujourd'hui, dans leur import-export, les jeunes békés ont la même lèvre et le même œil, et s'émeuvent plus d'un chiffre que du plus beau poème. Au bout de son silence, le Béké dit à mon papa qu'il allait *l'affranchir*, mot qui sur l'instant ne lui signifia rien. De toute l'explication que le Béké lui en donna, il ne retint d'éternité que ce haillon[9] de phrase... *tu seras libre de faire ou de ne pas faire ce que tu veux et d'aller où bon te semble comme il te semble....* Et sur sa liste de meubles, de bétail et de nègres, le Béké fit inscrire à hauteur de son nom : *Libre de savane*.

Liberté de savane était la plus facile des manières de libérer un nègre. On le déclarait libre sans acte notarié, sans taxe aucune, sans obligée d'une pension d'aliment[10]. Il lui fit remettre quelques jours plus tard une feuille que mon papa conserva toute sa vie et qu'un jour je pus lire, brouillée par la pitié. Le Béké y avait fait écrire : *Je donne et lègue au nommé Esternome qui m'a sauvé la vie, liberté de savane et le boire et le manger tant que je serai vivant. Je prie ma femme, mes fils, mon géreur, et le lecteur de quelque qualité qu'il soit, de ne point l'inquiéter ni exiger de service de sa part.* Et pour signer il avait de sa main apposé une la-croix.

Patrick Chamoiseau, *Texaco*, Éditions Gallimard, 1992.

---

1. Dans le roman, l'« En-ville » représente Fort-de-France.
2. manman : en créole, maman.
3. affranchir : *ici* action par laquelle un « propriétaire » libère son « esclave » qui devient ainsi un homme libre.
4. Un Béké est une personne à la peau blanche née aux Antilles et dont les ancêtres étaient les premiers colons européens. On les associe aux gens qui ont le pouvoir en raison de leur richesse financière.
5. un géreur : à l'époque des colonies, directeur d'une exploitation.
6. mander : appeler.
7. zieuter : (fam.) regarder.
8. un bougre : *ici* un homme.
9. un haillon : vêtement usé, *ici* reste misérable.
10. Les esclaves « libres de savane » n'étaient plus rattachés à aucun propriétaire et ne lui devaient plus rien.

● Pour découvrir le texte

1. Dans quelle mesure, le parcours du père de la narratrice est-il extraordinaire pour un esclave ?
2. Commentez la liste du Béké sur laquelle figure le nom du père (l.40-44).

● Développement personnel

Imaginez la réaction du père lorsqu'il apprend qu'il est affranchi. Appuyez-vous sur la crainte qu'il ressent à se souvenir de ce moment.

6 Tu parles !

Raymond Queneau, *Exercices de style* (1947)

> Le narrateur rencontre, dans un autobus, un jeune homme au cou long, coiffé d'un chapeau orné d'une tresse au lieu de ruban. Le jeune voyageur échange quelques mots assez vifs avec un autre voyageur, puis va s'asseoir à une place devenue libre. Un peu plus tard, le narrateur rencontre le même jeune homme en grande conversation avec un ami qui lui conseille de faire remonter le bouton supérieur de son pardessus[1]. Cette brève histoire est racontée quatre-vingt-dix-neuf fois, de quatre-vingt-dix-neuf manières différentes. […]

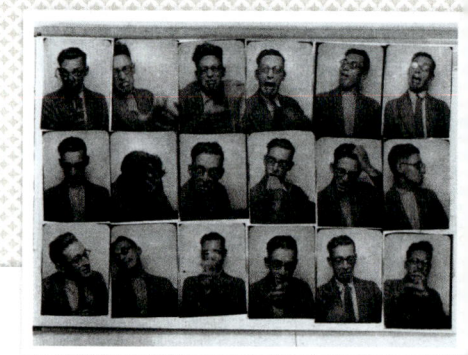

Surprises.

Ce que nous étions serrés sur cette plate-forme d'autobus ! Et ce que ce garçon pouvait avoir l'air bête et ridicule ! Et que fait-il ? Ne le voilà-t-il pas qui se met à vouloir
5 se quereller avec un bonhomme qui - prétendait-il ! ce damoiseau[2] ! - le bousculait ! Et ensuite il ne trouve rien de mieux à faire que d'aller vite occuper une place laissée libre ! Au lieu de la laisser à une dame !

Deux heures après, devinez qui je rencontre devant la gare
10 Saint-Lazare ? Le même godelureau[3] ! En train de se faire donner des conseils vestimentaires ! Par un camarade ! À ne pas croire !

Alors.

Alors l'autobus est arrivé. Alors j'ai monté dedans. Alors
15 j'ai vu un citoyen qui m'a saisi l'œil. Alors j'ai vu son long cou et j'ai vu la tresse qu'il y avait autour de son chapeau. Alors il s'est mis à pester[4] contre son voisin qui lui marchait alors sur les pieds. Alors, il est allé s'asseoir.

Alors, plus tard, je
20 l'ai revu Cour de Rome. Alors il était avec un copain. Alors, il lui disait, le copain : tu devrais faire mettre un autre bouton à ton pardessus. Alors.

Poor lay Zanglay

25 Ung joor vare meedee ger preelotobus poor la port Changparay. Eel aytay congplay, praysk. Jer mongtay kang maym ay lar jer ay ger vee ung ohm ahvayk ung long coo ay ung chahrpo hangtooray dunn saughrt der feessel trayssay. Sir mirssyer sir mee ang caughlayr contrer ung
30 ingdeeveeduh kee luhee marshay suhr lay peehay, puhee eel arlah sarsswar.

Ung per plus tarh jer ler rervee dervang lahr Garsinglahzahr ang congparhrgnee d'ung dangdee kee luhee congsayhiay der fare rermongtay d'ung crang ler bootong der song
35 pahrdessuh.[5]

Raymond Queneau, *Exercices de style*, Éditions Gallimard, 1947

---

1. un pardessus : un manteau pour homme.
2. un damoiseau : (ironique) jeune homme qui fait le beau devant une femme.
3. un godelureau : un damoiseau.
4. pester : exprimer son mauvaise humeur ; (*fam.*) râler.
5. Un jour vers midi j'ai pris l'autobus pour la porte de Champerret. Il était complet, presque. J'ai monté quand même et là j'ai vu un homme avec un long cou et un chapeau entouré d'une sorte de ficelle tressée. Ce monsieur s'est mis en colère contre un individu qui lui marchait sur les pieds, puis il alla s'asseoir. Un peu plus tard je l'ai revu devant la gare Saint-Lazare en compagnie d'un dandy qui lui conseillait de faire remonter d'un cran le bouton de son pardessus.

■ À vous !

Par groupe, rédigez votre propre exercice de style. Inventez ou racontez une courte anecdote. Puis, réécrivez-là en changeant de *style* : changement de ton ou de niveau de langue, traduction en l'un des parlers du français, respect d'une contrainte oulipienne (voir « Le petit + »).

Le petit +

L'**Oulipo** (Ouvroir de littérature potentielle), fondé par Raymond Queneau, rassemble des écrivains et des mathématiciens passionnés par la langue et ses possibilités. Ils se servent de contraintes pour explorer, souvent en jouant, de multiples façons d'écrire et de s'exprimer. Voici quelques exemples :
• Un **lipogramme** est un texte dans lequel l'auteur s'impose de ne jamais employer une lettre, parfois plusieurs. G. Perec a écrit son roman *La Disparition* sans la lettre *e*.
• Un **texte à démarreur** est écrit sous la forme d'une liste qui commence toujours par la même expression : « Je sais que … », « Qui se souvient … ? » ; « Je regrette que… », « Je ne suis pas du genre à … » …
• Un **tautogramme** est un texte dont tous les mots commencent par la même lettre.
• La méthode **S+7** invite à remplacer chaque substantif (S) d'un texte par le 7e substantif situé après lui dans un dictionnaire (S+7).

Évasion

Lambert Schlechter, « Le pire c'est la pisse des porcs » (2018)

> Écrivain luxembourgeois en langue française, Lambert Schlechter est l'auteur de nombreux récits et recueils de poésie où se rassemblent des notes de lecture, des pensées philosophiques et des souvenirs personnels, comme autant d'instants de vie conservés par leur mise en mots. L'extrait ci-dessous a été publié dans un ouvrage collectif au titre évocateur *Le Goût du Luxembourg*. L'auteur se rappelle quelques moments de l'enfance, marqués par le souvenirs des goûts et des odeurs de l'époque. Ces plaisirs retrouvés sont alors associés au plaisir de la langue – *au goût des mots* – que l'auteur découvre à l'adolescence.

3.
Toutes les six semaines, pendant la mauvaise saison, des harengs à mariner, rondelles d'oignons, clous de girofle[1], feuilles de laurier, lait & crème, toute la Manche dans le saladier, l'embrun[2] de Scheveningen, sable humide, respirez, disait ma mère, respirez l'iode, c'est sain, et elle montrait comment respirer, et on respirait, fâcherie façonnerie factorerie, chaque mot a une odeur, mon vieux *Petit Larousse* est si vieux qu'il sent, humidités successives de plus d'un demi-siècle, 1956, j'avais quatorze ans, j'apprenais les mots, ellébore ellipse elytre.
[…]

8.
L'encre qui entrait le plus dans le nez, c'était la mauve, pas la bleue, trop banale, la rouge était inodore, la tartine de saucisson dans le cartable, *Pauseschmier*, et l'éponge de l'ardoise, sale & moisie, au mot montagne, dans mon *Larousse*, il y a une image, grande comme un timbre poste : une montagne, il y a aussi monticole, puis monticule, au printemps j'arrache trois rameaux au lilas et les mets dans un vase, printemps dans ma chambre, ce qui domine l'assiette le matin du 6 décembre, c'est le pain d'épice et la mandarine, ce qu'on déguste d'abord c'est la petite souris pralinée.
[…]

10.
Royaume de la pénombre[3], la cave avec les briquettes[4] et le charbon, noires poussières à ne pas respirer, parfois c'était la petite catastrophe quand la chaudière s'éteignait, *d'Heizung ass aus !*, fallait enlever les scories[5] encore incandescentes, avec une perche au bout de laquelle on actionnait une sorte de pince, puis des boules de papier journal, des brindilles, faire repartir le feu, perchoir des poules dans la cave des pommes de terre, tous ces mots, c'est autant d'odeurs, l'ai-je dit ?, *géi Grompere sichen*, corvée du bêchage[6], à la demande de la grand-mère, les vers de terre sont collectés dans une jatte, jour faste[7] pour les poules.

Lambert Schlechter, « Le pire c'est la pisse des porcs », *Le Goût du Luxembourg*, textes rassemblés par C.Ciocârlie, Esch-sur-Alzette, PHI, 2018..

---

1. un clou de girofle : bouton de fleur utilisé comme aromate ; *Gewürznelke*.
2. un embrun : pluie fine.
3. une pénombre : lumière faible.
4. une briquette : petite brique qui sert de combustible.
5. une scorie : *ici* reste de briquettes et de charbon.
6. un bêchage : action de travailler la terre ; *Umgraben*.
7. faste : favorable, heureux.

À vous !

« Chaque mot a une odeur » (l.8), écrit Lambert Schlechter. Cherchez 5 mots que vous associez à des odeurs liées à votre enfance. Puis, à partir de l'un d'entre eux, rédigez un court paragraphe dans lequel vous racontez votre souvenir.

6 Tu parles ! — Libre cours

On connaît la chanson

Grand Corps Malade, « Pères et mères » (2008)

Venu des États-Unis, le slam est une poésie que l'on récite généralement dans des lieux publics. Art d'expression populaire, il joue avec les sens pour exprimer une opinion ou une émotion. En France, le slam s'est fait connaître par Grand Corps Malade. Sous ce nom de scène se cache Fabien Marsaud. À la suite d'un grave accident, qui l'a forcé à renoncer à une carrière de sportif, il s'est tourné vers les mots et la poésie.

Depuis la nuit des temps l'histoire des pères et des mères prospère
Sans sommaire et sans faire d'impairs, j'énumère pêle-mêle, Pères Mères
5 […]
Il y une mère candide et un père aimable
Il y une mère rigide et imperméable
Il y a des pères absents et des mères usées
Il y a des mères présentes et des perfusées
10 Il y a des mères choyées et des mères aimées
Il y a des pères fuyants et des périmés
Il y a la mère intéressée et la mère vile
L'argent du père en péril face à la mercantile
Il y a les pensions alimentaires, les « pères crédit »
15 Des pères du week-end et des mercredis
Y'a des pères hyper-forts et des mères qui positivent
Ou les coups de blues qui perforent les mères sans perspectives
Mais s'il est persécuté, le père sait quitter
Et si la mère pleure c'est l'enfant qui perd
20 Mais si la mère tue l'amertume, la magie s'éveille
Et au final, qu'elle soit jeune ou vieille la merveille
Moi, mon père et ma mère sont carrément hors-pairs
Et au milieu de ce récit
Je prends quelques secondes je tempère
25 Pour dire à mon père et à ma mère merci

© Grands corps malade « Pères et Mères », paroles de Fabien Marsaud
© 2007 Anouche Productions
Avec l'aimable autorisation de Sony/ATV Music Publishing France. Droits protégés.

Serge Gainsbourg, « Comic Strip » (1968)

En 1968, l'auteur, compositeur et interprète Serge Gainsbourg sort une chanson innovante, dont le sujet est l'héroïne de bande dessinées *Barbarella*. Serge Gainsbourg a fait appel à Brigitte Bardot, icône du cinéma français de l'époque, pour chanter à ses côtés. La chanson, inspirée de la pop anglaise, est inédite puisqu'elle est truffée d'onomatopées, des mots qui évoquent par le son la chose dénommée.

Viens petite fille dans mon comic strip
Viens faire des bull's, viens faire des WIP !
Des CLIP ! CRAP ! des BANG ! des VLOP ! et des ZIP !
5 SHEBAM ! POW ! BLOP ! WIZZ !
J'distribue les swings et les uppercuts
Ça fait VLAM ! ça fait SPLATCH ! et ça fait CHTUCK !
Ou bien BOMP ! ou HUMPF ! parfois même PFFF !
10 SHEBAM ! POW ! BLOP ! WIZZ !
Viens petite fill' dans mon comic strip
Viens faire des bull's, viens faire des WIP !
Des CLIP ! CRAP ! des BANG ! des VLOP ! et des ZIP !
15 SHEBAM ! POW ! BLOP ! WIZZ !
Viens avec moi par dessus les buildings
Ça fait WHIN ! quand on s'envole et puis KLING !
Après quoi je fais TILT ! et ça fait BOING !
SHEBAM ! POW ! BLOP ! WIZZ !

© Gainsbourg « Comic Strip », paroles & musique de Serge Gainsbourg © 1967 Éditions Et Productions Sidonie / Melody Nelson Publishing
Avec l'aimable autorisation des Éditions Et Productions Sidonie. Droits protégés.

▪ Pour découvrir les paroles
1. Expliquez 2 jeux de mots dans la chanson « Pères et Mères ».
2. Rédigez une strophe de « Comic Strip » à l'aide d'onomatopées et de points d'exclamation.

▪ Tous en chœur
Écoutez les chansons sur Internet. Récitez l'une d'entre elles à voix haute en veillant à l'intonation.

Annexes

Conjugaison

Les temps de l'indicatif et l'impératif

Les auxiliaires

Présent	Imparfait	Passé composé	Futur	Plus-que-parfait	Impératif
Avoir					
j'ai	j'avais	j'ai eu	j'aurai	j'avais eu	
tu as	tu avais	tu as eu	tu auras	tu avais eu	
il a	il avait	il a eu	il aura	il avait eu	aie
nous avons	nous avions	nous avons eu	nous aurons	nous avions eu	ayons
vous avez	vous aviez	vous avez eu	vous aurez	vous aviez eu	ayez
ils ont	ils avaient	ils ont eu	ils auront	ils avaient eu	
Être					
je suis	j'étais	j'ai été	je serai	j'avais été	
tu es	tu étais	tu as été	tu seras	tu avais été	
il est	il était	il a été	il sera	il avait été	
nous sommes	nous étions	nous avons été	nous serons	nous avions été	sois
vous êtes	vous étiez	vous avez été	vous serez	vous aviez été	soyons
ils sont	ils étaient	ils ont été	ils seront	ils avaient été	soyez

Verbes réguliers

Présent	Imparfait	Passé composé	Futur	Plus-que-parfait	Impératif
Chanter (1er groupe)					
je chante	je chantais	j'ai chanté	je chanterai	j'avais chanté	
tu chantes	tu chantais	tu as chanté	tu chanteras	tu avais chanté	
il chante	il chantait	il a chanté	il chantera	il avait chanté	chante
nous chantons	nous chantions	nous avons chanté	nous chanterons	nous avions chanté	chantons
vous chantez	vous chantiez	vous avez chanté	vous chanterez	vous aviez chanté	chantez
ils chantent	ils chantaient	ils ont chanté	ils chanteront	ils avaient chanté	
Finir (2e groupe)					
je finis	je finissais	j'ai fini	je finirai	j'avais fini	
tu finis	tu finissais	tu as fini	tu finiras	tu avais fini	
il finit	il finissait	il a fini	il finira	il avait fini	finis
nous finissons	nous finissions	nous avons fini	nous finirons	nous avions fini	finissons
vous finissez	vous finissiez	vous avez fini	vous finirez	vous aviez fini	finissez
ils finissent	ils finissaient	ils ont fini	ils finiront	ils avaient fini	

Conjugaison

Verbes irréguliers terminés en -ir

Présent	Imparfait	Passé composé	Futur	Plus-que-parfait	Impératif
Partir					
je pars	je partais	je suis parti(e)	je partirai	j'étais parti(e)	
tu pars	tu partais	tu es parti(e)	tu partiras	tu étais parti(e)	
il part	il partait	il/elle est parti(e)	il partira	il/elle était parti(e)	pars
nous partons	nous partions	nous sommes parti(e)s	nous partirons	nous étions parti(e)s	partons
vous partez	vous partiez	vous êtes parti(e)s	vous partirez	vous étiez parti(e)s	partez
ils partent	ils partaient	ils/elles sont parti(e)s	ils partiront	ils/elles étaient parti(e)s	
Venir					
je viens	je venais	je suis venu(e)	je viendrai	j'étais venu(e)	
tu viens	tu venais	tu es venu(e)	tu viendras	tu étais venu(e)	
il vient	il venait	il/elle est venu(e)	il viendra	il/elle était venu(e)	viens
nous venons	nous venions	nous sommes venu(e)s	nous viendrons	nous étions venu(e)s	venons
vous venez	vous veniez	vous êtes venu(e)s	vous viendrez	vous étiez venu(e)s	venez
ils viennent	ils venaient	ils/elles sont venu(e)s	ils viendront	ils/elles étaient venu(e)s	

Verbes irréguliers terminés en -oir

Présent	Imparfait	Passé composé	Futur	Plus-que-parfait	Impératif
S'assoir					
je m'assieds	je m'asseyais	je me suis assis(e)	je m'assiérai	je m'étais assis(e)	
tu t'assieds	tu t'asseyais	tu t'es assis(e)	tu t'assiéras	tu t'étais assis(e)	
il s'assied	il s'asseyait	il/elle s'est assis(e)	il s'assiéra	il/elle s'était assis(e)	assieds-toi
nous nous asseyons	nous nous asseyions	nous nous sommes assis(es)	nous nous assiérons	nous nous étions assis(es)	asseyons-nous
vous vous asseyez	vous vous asseyiez	vous vous êtes assis(es)	vous vous assiérez	vous vous étiez assis(es)	asseyez-vous
ils s'asseyent	ils s'asseyaient	ils/elles se sont assis(es)	ils s'assiéront	ils/elles s'étaient assis(es)	
Devoir					
je dois	je devais	j'ai dû	je devrai	j'avais dû	
tu dois	tu devais	tu as dû	tu devras	tu avais dû	
il doit	il devait	il a dû	il devra	il avait dû	dois
nous devons	nous devions	nous avons dû	nous devrons	nous avions dû	devons
vous devez	vous deviez	vous avez dû	vous devrez	vous aviez dû	devez
ils doivent	ils devaient	ils ont dû	ils devront	ils avaient dû	
Falloir					
il faut	il fallait	il a fallu	il faudra	il avait fallu	–

Conjugaison

Verbes irréguliers terminés en *-oir* (suite)

Présent	Imparfait	Passé composé	Futur	Plus-que-parfait	Impératif
Pouvoir					
je peux	je pouvais	j'ai pu	je pourrai	j'avais pu	
tu peux	tu pouvais	tu as pu	tu pourras	tu avais pu	
il peut	il pouvait	il a pu	il pourra	il avait pu	—
nous pouvons	nous pouvions	nous avons pu	nous pourrons	nous avions pu	
vous pouvez	vous pouviez	vous avez pu	vous pourrez	vous aviez pu	
ils peuvent	ils pouvaient	ils ont pu	ils pourront	ils avaient pu	
Recevoir					
je reçois	je recevais	j'ai reçu	je recevrai	j'avais reçu	
tu reçois	tu recevais	tu as reçu	tu recevras	tu avais reçu	
il reçoit	il recevait	il a reçu	il recevra	il avait reçu	reçois
nous recevons	nous recevions	nous avons reçu	nous recevrons	nous avions reçu	recevons
vous recevez	vous receviez	vous avez reçu	vous recevrez	vous aviez reçu	recevez
ils reçoivent	ils recevaient	ils ont reçu	ils recevront	ils avaient reçu	
Savoir					
je sais	je savais	j'ai su	je saurai	j'avais su	
tu sais	tu savais	tu as su	tu sauras	tu avais su	
il sait	il savait	il a su	il saura	il avait su	sache
nous savons	nous savions	nous avons su	nous saurons	nous avions su	sachons
vous savez	vous saviez	vous avez su	vous saurez	vous aviez su	sachez
ils savent	ils savaient	ils ont su	ils sauront	ils avaient su	
Voir					
je vois	je voyais	j'ai vu	je verrai	j'avais vu	
tu vois	tu voyais	tu as vu	tu verras	tu avais vu	
il voit	il voyait	il a vu	il verra	il avait vu	vois
nous voyons	nous voyions	nous avons vu	nous verrons	nous avions vu	voyons
vous voyez	vous voyiez	vous avez vu	vous verrez	vous aviez vu	voyez
ils voient	ils voyaient	ils ont vu	ils verront	ils avaient vu	
Vouloir					
je veux	je voulais	j'ai voulu	je voudrai	j'avais voulu	
tu veux	tu voulais	tu as voulu	tu voudras	tu avais voulu	
il veut	il voulait	il a voulu	il voudra	il avait voulu	
nous voulons	nous voulions	nous avons voulu	nous voudrons	nous avions voulu	veuillez
vous voulez	vous vouliez	vous avez voulu	vous voudrez	vous aviez voulu	
ils veulent	ils voulaient	ils ont voulu	ils voudront	ils avaient voulu	

Conjugaison

Verbes irréguliers terminés en -re

Présent	Imparfait	Passé composé	Futur	Plus-que-parfait	Impératif
Apprendre					
j'apprends tu apprends il apprend nous apprenons vous apprenez ils apprennent	j'apprenais tu apprenais il apprenait nous apprenions vous appreniez ils apprenaient	j'ai appris tu as appris il a appris nous avons appris vous avez appris ils ont appris	j'apprendrai tu apprendras il apprendra nous apprendrons vous apprendrez ils apprendront	j'avais appris tu avais appris il avait appris nous avions appris vous aviez appris ils avaient appris	apprends apprenons apprenez
Attendre					
j'attends tu attends il attend nous attendons vous attendez ils attendent	j'attendais tu attendais il attendait nous attendions vous attendiez ils attendaient	j'ai attendu tu as attendu il a attendu nous avons attendu vous avez attendu ils ont attendu	j'attendrai tu attendras il attendra nous attendrons vous attendrez ils attendront	j'avais attendu tu avais attendu il avait attendu nous avions attendu vous aviez attendu ils avaient attendu	attends attendons attendez
Connaître					
je connais tu connais il connaît nous connaissons vous connaissez ils connaissent	je connaissais tu connaissais il connaissait nous connaissions vous connaissiez ils connaissaient	j'ai connu tu as connu il a connu nous avons connu vous avez connu ils ont connu	je connaîtrai tu connaîtras il connaîtra nous connaîtrons vous connaîtrez ils connaîtront	j'avais connu tu avais connu il avait connu nous avions connu vous aviez connu ils avaient connu	connais connaissons connaissez
Croire					
je crois tu crois il croit nous croyons vous croyez ils croient	je croyais tu croyais il croyait nous croyions vous croyiez ils croyaient	j'ai cru tu as cru il a cru nous avons cru vous avez cru ils ont cru	je croirai tu croiras il croira nous croirons vous croirez ils croiront	j'avais cru tu avais cru il avait cru nous avions cru vous aviez cru ils avaient cru	crois croyons croyez
Dire					
je dis tu dis il dit nous disons vous dites ils disent	je disais tu disais il disait nous disions vous disiez ils disaient	j'ai dit tu as dit il a dit nous avons dit vous avez dit ils ont dit	je dirai tu diras il dira nous dirons vous direz ils diront	j'avais dit tu avais dit il avait dit nous avions dit vous aviez dit ils avaient dit	dis disons dites
Écrire					
j'écris tu écris il écrit nous écrivons vous écrivez ils écrivent	j'écrivais tu écrivais il écrivait nous écrivions vous écriviez ils écrivaient	j'ai écrit tu as écrit il a écrit nous avons écrit vous avez écrit ils ont écrit	j'écrirai tu écriras il écrira nous écrirons vous écrirez ils écriront	j'avais écrit tu avais écrit il avait écrit nous avions écrit vous aviez écrit ils avaient écrit	écris écrivons écrivez

Conjugaison

Verbes irréguliers terminés en *-re* (suite)

Présent	Imparfait	Passé composé	Futur	Plus-que-parfait	Impératif
Faire					
je fais tu fais il fait nous faisons vous faites ils font	je faisais tu faisais il faisait nous faisions vous faisiez ils faisaient	j'ai fait tu as fait il a fait nous avons fait vous avez fait ils ont fait	je ferai tu feras il fera nous ferons vous ferez ils feront	j'avais fait tu avais fait il avait fait nous avions fait vous aviez fait ils avaient fait	fais faisons faites
Lire					
je lis tu lis il lit nous lisons vous lisez ils lisent	je lisais tu lisais il lisait nous lisions vous lisiez ils lisaient	j'ai lu tu as lu il a lu nous avons lu vous avez lu ils ont lu	je lirai tu liras il lira nous lirons vous lirez ils liront	j'avais lu tu avais lu il avait lu nous avions lu vous aviez lu ils avaient lu	lis lisons lisez
Mettre					
je mets tu mets il met nous mettons vous mettez ils mettent	je mettais tu mettais il mettait nous mettions vous mettiez ils mettaient	j'ai mis tu as mis il a mis nous avons mis vous avez mis ils ont mis	je mettrai tu mettras il mettra nous mettrons vous mettrez ils mettront	j'avais mis tu avais mis il avait mis nous avions mis vous aviez mis ils avaient mis	mets mettons mettez
Prendre					
je prends tu prends il prend nous prenons vous prenez ils prennent	je prenais tu prenais il prenait nous prenions vous preniez ils prenaient	j'ai pris tu as pris il a pris nous avons pris vous avez pris ils ont pris	je prendrai tu prendras il prendra nous prendrons vous prendrez ils prendront	j'avais pris tu avais pris il avait pris nous avions pris vous aviez pris ils avaient pris	prends prenons prenez
Vendre					
je vends tu vends il vend nous vendons vous vendez ils vendent	je vendais tu vendais il vendait nous vendions vous vendiez ils vendaient	j'ai vendu tu as vendu il a vendu nous avons vendu vous avez vendu ils ont vendu	je vendrai tu vendras il vendra nous vendrons vous vendrez ils vendront	j'avais vendu tu avais vendu il avait vendu nous avions vendu vous aviez vendu ils avaient vendu	vends vendons vendez

Conjugaison

Autres verbes irréguliers

Présent	Imparfait	Passé composé	Futur	Plus-que-parfait	Impératif
Aller					
je vais	j'allais	je suis allé(e)	j'irai	j'étais allé(e)	
tu vas	tu allais	tu es allé(e)	tu iras	tu étais allé(e)	va
il va	il allait	il/elle est allé(e)	il ira	il/elle était allé(e)	allons
nous allons	nous allions	nous sommes allé(e)s	nous irons	nous étions allé(e)s	allez
vous allez	vous alliez	vous êtes allé(e)s	vous irez	vous étiez allé(e)s	
ils vont	ils allaient	ils/elles sont allé(e)s	ils iront	ils/elles étaient allé(e)s	
Appeler					
j'appelle	j'appelais	j'ai appelé	j'appellerai	j'avais appelé	
tu appelles	tu appelais	tu as appelé	tu appelleras	tu avais appelé	appelle
il appelle	il appelait	il a appelé	il appellera	il avait appelé	appelons
nous appelons	nous appelions	nous avons appelé	nous appellerons	nous avions appelé	appelez
vous appelez	vous appeliez	vous avez appelé	vous appellerez	vous aviez appelé	
ils appellent	ils appelaient	ils ont appelé	ils appelleront	ils avaient appelé	
Envoyer					
j'envoie	j'envoyais	j'ai envoyé	j'enverrai	j'avais envoyé	
tu envoies	tu envoyais	tu as envoyé	tu enverras	tu avais envoyé	envoie
il envoie	il envoyait	il a envoyé	il enverra	il avait envoyé	envoyons
nous envoyons	nous envoyions	nous avons envoyé	nous enverrons	nous avions envoyé	envoyez
vous envoyez	vous envoyiez	vous avez envoyé	vous enverrez	vous aviez envoyé	
ils envoient	ils envoyaient	ils ont envoyé	ils enverront	ils avaient envoyé	
Payer					
je paie/paye	je payais	j'ai payé	je paierai/payerai	j'avais payé	
tu paies/payes	tu payais	tu as payé	tu paieras/payeras	tu avais payé	paie/paye
il paie/paye	il payait	il a payé	il paiera/payera	il avait payé	payons
nous payons	nous payions	nous avons payé	nous paierons/payerons	nous avions payé	payez
vous payez	vous payiez	vous avez payé	vous paierez/payerez	vous aviez payé	
ils paient/payent	ils payaient	ils ont payé	ils paieront/payeront	ils avaient payé	

Le conditionnel et le subjonctif présent

Conditionnel présent	Conditionnel passé	Subjonctif présent
Avoir		
j'aurais	j'aurais eu	que j'aie
tu aurais	tu aurais eu	que tu aies
il aurait	il aurait eu	qu'il ait
nous aurions	nous aurions eu	que nous ayons
vous auriez	vous auriez eu	que vous ayez
ils auraient	ils auraient eu	qu'ils aient
Être		
je serais	j'aurais été	que je sois
tu serais	tu aurais été	que tu sois
il serait	il aurait été	qu'il soit
nous serions	nous aurions été	que nous soyons
vous seriez	vous auriez été	que vous soyez
ils seraient	ils auraient été	qu'ils soient

Conjugaison

Le conditionnel et le subjonctif présent (suite)

Conditionnel présent	Conditionnel passé	Subjonctif présent
Parler		
je parlerais	j'aurais parlé	que je parle
tu parlerais	tu aurais parlé	que tu parles
il parlerait	il aurait parlé	qu'il parle
nous parlerions	nous aurions parlé	que nous parlions
vous parleriez	vous auriez parlé	que vous parliez
ils parleraient	ils auraient parlé	qu'ils parlent
Finir		
je finirais	j'aurais fini	que je finisse
tu finirais	tu aurais fini	que tu finisses
il finirait	il aurait fini	qu'il finisse
nous finirions	nous aurions fini	que nous finissions
vous finiriez	vous auriez fini	que vous finissiez
ils finiraient	ils auraient fini	qu'ils finissent
Partir		
je partirais	je serais parti(e)	que je parte
tu partirais	tu serais parti(e)	que tu partes
il partirait	il/elle serait parti(e)	qu'il parte
nous partirions	nous serions parti(e)s	que nous partions
vous partiriez	vous seriez parti(e)s	que vous partiez
ils partiraient	ils/elles seraient parti(e)s	qu'ils partent
Venir		
je viendrais	je serais venu(e)	que je vienne
tu viendrais	tu serais venu(e)	que tu viennes
il viendrait	il/elle serait venu(e)	qu'il vienne
nous viendrions	nous serions venu(e)s	que nous venions
vous viendriez	vous seriez venu(e)s	que vous veniez
ils viendraient	ils/elles seraient venu(e)s	qu'ils viennent
Devoir		
je devrais	j'aurais dû	que je doive
tu devrais	tu aurais dû	que tu doives
il devrait	il aurait dû	qu'il doive
nous devrions	nous aurions dû	que nous devions
vous devriez	vous auriez dû	que vous deviez
ils devraient	ils auraient dû	qu'ils doivent
Falloir		
il faudrait	il aurait fallu	qu'il faille
Pouvoir		
je pourrais	j'aurais pu	que je puisse
tu pourrais	tu aurais pu	que tu puisses
il pourrait	il aurait pu	qu'il puisse
nous pourrions	nous aurions pu	que nous puissions
vous pourriez	vous auriez pu	que vous puissiez
ils pourraient	ils auraient pu	qu'ils puissent

Conjugaison

Conditionnel présent	Conditionnel passé	Subjonctif présent
Vouloir		
je voudrais	j'aurais voulu	que je veuille
tu voudrais	tu aurais voulu	que tu veuilles
il voudrait	il aurait voulu	qu'il veuille
nous voudrions	nous aurions voulu	que nous voulions
vous voudriez	vous auriez voulu	que vous vouliez
ils voudraient	ils auraient voulu	qu'ils veuillent
Dire		
je dirais	j'aurais dit	que je dise
tu dirais	tu aurais dit	que tu dises
il dirait	il aurait dit	qu'il dise
nous dirions	nous aurions dit	que nous disions
vous diriez	vous auriez dit	que vous disiez
ils diraient	ils auraient dit	qu'ils disent
Faire		
je ferais	j'aurais fait	que je fasse
tu ferais	tu aurais fait	que tu fasses
il ferait	il aurait fait	qu'il fasse
nous ferions	nous aurions fait	que nous fassions
vous feriez	vous auriez fait	que vous fassiez
ils feraient	ils auraient fait	qu'ils fassent
Mettre		
je mettrais	j'aurais mis	que je mette
tu mettrais	tu aurais mis	que tu mettes
il mettrait	il aurait mis	qu'il mette
nous mettrions	nous aurions mis	que nous mettions
vous mettriez	vous auriez mis	que vous mettiez
ils mettraient	ils auraient mis	qu'ils mettent
Prendre		
je prendrais	j'aurais pris	que je prenne
tu prendrais	tu aurais pris	que tu prennes
il prendrait	il aurait pris	qu'il prenne
nous prendrions	nous aurions pris	que nous prenions
vous prendriez	vous auriez pris	que vous preniez
ils prendraient	ils auraient pris	qu'ils prennent
Aller		
j'irais	je serais allé(e)	que j'aille
tu irais	tu serais allé(e)	que tu ailles
il irait	il/elle serait allé(e)	qu'il aille
nous irions	nous serions allé(e)s	que nous allions
vous iriez	vous seriez allé(e)s	que vous alliez
ils iraient	ils/elles seraient allé(e)s	qu'ils aillent
Appeler		
j'appellerais	j'aurais appelé	que j'appelle
tu appellerais	tu aurais appelé	que tu appelles
il appellerait	il aurait appelé	qu'il appelle
nous appellerions	nous aurions appelé	que nous appelions
vous appelleriez	vous auriez appelé	que vous appeliez
ils appelleraient	ils auraient appelé	qu'ils appellent

LA FRANCE

LE MONDE DE LA FRANCOPHONIE

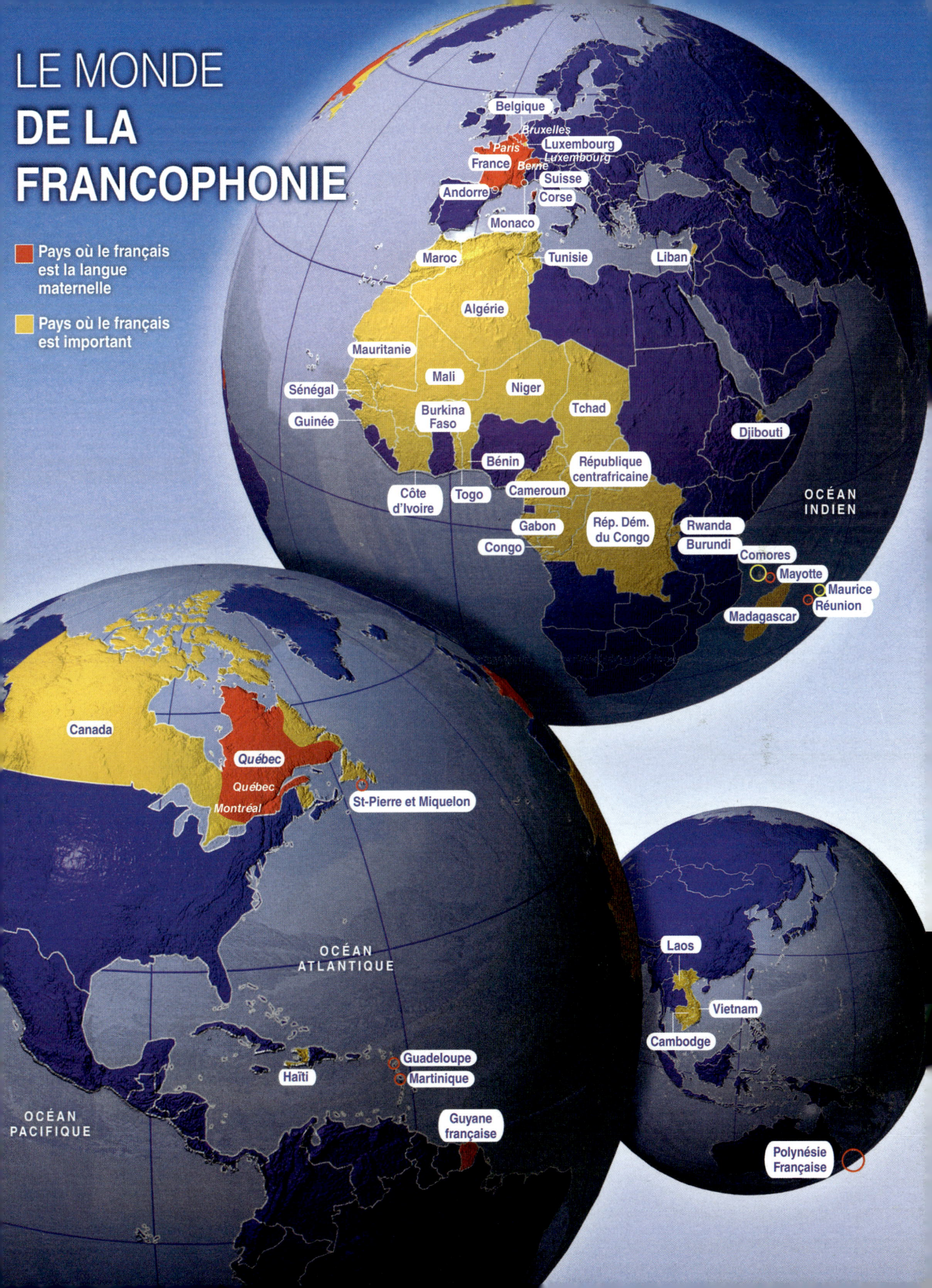

- **Pays où le français est la langue maternelle**
- **Pays où le français est important**

Europe / Afrique / Océan Indien
- Belgique (Bruxelles)
- Luxembourg
- France (Paris)
- Suisse (Berne)
- Andorre
- Corse
- Monaco
- Maroc
- Tunisie
- Liban
- Algérie
- Mauritanie
- Mali
- Niger
- Tchad
- Sénégal
- Guinée
- Burkina Faso
- Bénin
- République centrafricaine
- Djibouti
- Côte d'Ivoire
- Togo
- Cameroun
- Gabon
- Congo
- Rép. Dém. du Congo
- Rwanda
- Burundi
- Comores
- Mayotte
- Madagascar
- Maurice
- Réunion

OCÉAN INDIEN

Amériques
- Canada
- Québec
- Montréal
- St-Pierre et Miquelon
- Haïti
- Guadeloupe
- Martinique
- Guyane française

OCÉAN ATLANTIQUE
OCÉAN PACIFIQUE

Asie / Pacifique
- Laos
- Vietnam
- Cambodge
- Polynésie Française

Crédits photos

Couverture : © Sumo, Pop 9, 2018, acrylique et aérosol sur papier, 60 x 60 cm.

p. 9 : © FAGE - Fédération des Associations Générales Étudiantes ; David Niviere/SIPA ; © BIS / Ph. Hubert Josse © Archives Larbor – p. 11 : © Éditions Calmann-Lévy, 2013 – p. Hero Images/Getty Images – p. 13 : Bitter/Adobe Stock – p. 14 : © BIS / Ph. Jeanbor © Archives Larbor – p. 15 : © MSF ; © BETC pour Amnesty International – p. 16 : Stephen F. Somerstein/Getty Images – p. 18 : © ONGD-FNEL – p. 19 : © www.stemm.lu; © www.partage.lu ; © www.olai.public.lu ; © www.centbuttek.lu – p. 20-21 : © Association Aurore – p. 22 : Loomis Dean / Getty Images – p. 24 : olai – p. 25 : © Gerald Bloncourt / Bridgeman Images – p. 26 : © Didier D.Daarwin/ Alamüt Prodz – p. 27 : © Gotlib ; .shock/Adobe Stock ; juliedeshaies/Adobe Stock – p. 28 : © RoyalPress Albert Nieboer / DPA / AFP – p. 29 : Robert Cocquyt/Adobe Stock – p. 30 : olly/Adobe Stock – p. 31 : beermedia/Adobe Stock – p. 32 : Jacob Lund/Adobe Stock – p. 33 : tsukiyo8/Adobe Stock (garçon) ; Nika April/Adobe Stock ; taesmileland/Adobe Stock ; alekseyvanin/Adobe Stock ; soleilc1/Adobe Stock ; P666/Adobe Stock – p. 34 : © BIS / Ph. Giacomelli, Venise © Archives Larbor ; djama/Adobe Stock – p. 35 : Valérie Edern/Adobe Stock – p. 36 : Tommaso Lizzul/Adobe Stock – p. 37 : WITT/SIPA – p. 38 : rcfotostock/Adobe Stock – p. 40 : © Futuropolis / Dist. LA COLLECTION – Journal d'un Corps (Pennac). Larcenet, Manu (ill.) - p. 41 : © J'ai lu – p. 42 : © BIS / Ph. Dornac - Coll. Archives Larbor – p. 43 : piai/Adobe Stock – p. 44 : COLL CHRISTOPHE L – p. 45 : pavic//Adobe Stock ; Bank-Bank/Adobe Stock ; ARTHUS-BERTRAND Yann / hemis.fr ; Jean Giono, *L'homme qui plantait des arbres*, illustrations de Joëlle Jolivet, mise en volume des illustrations par Gérard Lo Monaco, collection Albums Gallimard Jeunesse, Éditions Gallimard Jeunesse – p. 46 : marcoemilio/Adobe Stock – p. 47 : Richard Carey/ Adobe Stock – p. 48-49 : © Gold of Bengal – p. 49 : Pascal Le Segretain/Getty – p. 50 : © Caroline Power – p. 51 : ARTHUS-BERTRAND Yann / hemis.fr – p. 52 : zentilia/Adobe Stock – p. 53 : © Kerstin Langenberger ; © Dilem ; malp/ Adobe Stock – p. 54 : © plant-for-the-planet.org – p. 55 : © direct energie – p. 56 : Collection Christophel ; Jean Giono, *L'homme qui plantait des arbres*, illustrations de Joëlle Jolivet, mise en volume des illustrations par Gérard Lo Monaco, collection Albums Gallimard Jeunesse, Éditions Gallimard Jeunesse – p. 58 : ©Michaël Ferrier – p. 60-61 : Étienne Davodeau, *Rural !*, Delcourt, 2011 – p. 62 : Elenarts/Adobe Stock ; Philippe Demart – p. 63 : © REUTERS/Umit Bektas ; mikitiger/Adobe Stock ; © Plantu – p. 64 : © Mario Sestini ; © ASTI – p. 65 : NICOLAS JOSE/SIPA – p. 66 : © ROBERT MICHAEL/AFP PHOTO – p. 67 : Philippe Farjon/AP/SIPA – p. 68 : COLLECTION CHRISTOPHEL – p. 69 : topor/Adobe Stock ; pincasso /Adobe Stock – p. 70 : © Lasserpe – p. 71 : Patrick Galbats © Adagp, Paris – p. 72 : © CLAE – p. 74 : © Wingz – p. 75 : © Karim Bouguerma – p. 76 : Laurent Gaudé, *Eldorado*, Actes Sud, 2006 – p. 77 : BALTEL/LAMACHERE AURELIE/SIPA – p. 78 : Ulysses and the Sirens, 1891 (oil on canvas), Waterhouse, John William (1849-1917) / National Gallery of Victoria, Melbourne, Australia / Bridgeman Images – p. 79 ©TNL – p. 80 : Tatjana Balzer/ Adobe Stock – p. 81 : dimdimich/Adobe Stock ; Collection Christophel ; vitstudio/Adobe Stock – p. 82 : © Michael WOLF/LAIF-REA; © Fairtrade Lëtzebuerg et caritas Luxembourg – p. 83 : Victoria (fond)/Adobe Stock ; paintermaster/Adobe Stock ; klesign/Adobe Stock ; matahiasek/Adobe Stock ; RAWKU5/Adobe Stock ; Piktoworld/Adobe Stock ; snyGGG/Adobe Stock ; grgroup/ Adobe Stock ; sljubisa/Adobe Stock ; Piktoworld/Adobe Stock ; klesign/Adobe Stock ; Alexander Kovalenko/ Adobe Stock – p. 84 : everythingpossible/Adobe Stock – p. 85 : © Sti – p. 87 : inamar/Adobe Stock ; miri1400/ Adobe Stock – p. 88 : KB3/Adobe Stock (fond) ; sportpoint/Adobe Stock ; Lenan/Adobe Stock ; Lorelyn Medina/ Adobe Stock ; pict rider/Adobe Stock – p. 89 : KMazur/WireImage/Getty Images – p. 90 : bevisphoto/Adobe Stock – p. 91 : © IDIX ; © Na – p. 92 : nerthuz/Adobe Stock p. 93 : Collection Christophel – p. 94 : *Ravage – Tome 02*, par René Barjavel, Jean-David Morvan, Rey Macutay et Walter © Editions Glénat, 2007 – p. 95 : ©Leonardo Cendamo/Leemage. p. 96 : © Éditions Gallimard – p. 98 : Francois Walschaerts/AP/SIPA – p. 99 : ©FDLM ; © Flobert ; Andrija Markovic/AdobeStock – p. 100 : © IDIX ; Ron Dale/Adobe Stock – p. 102 : © AFP – p. 104 : Anton Shahrai/Adobe Stock – p. 105 : © Flobert – p. 106 : Valerie Potapova/Adobe Stock ; © www.le-lorrain.fr – p. 107 : © Rémi Malingrey – p. 109 : ©Wennig&Daubach – p. 110 : nadinmay/Adobe Stock ; kubko/Adobe Stock – p. 111 : Jürgen Fälche/Adobe Stock – p. 112 : © Lois Mailou Jones – p. 113 : © Éditions Gallimard – p. 114 : photo succession R. Queneau/Diffusion Gallimard – p. 115 : © Photo Edouard Kutter

p. 126-127 (cartes) : Fernando San Martin